Mosaik

Kiyoko Konishi

Japanisch Kochen
hält fit und gesund

KIKKOMAN

MOSAIK VERLAG

EIN WORT ZUVOR

Es ist eine altbekannte Tatsache, daß man sich erst dann mit neuen Dingen auseinandersetzt, wenn dazu stark motiviert wird. So trat vor etwa drei Jahren die japanische Firma Kikkoman an meine Versuchsküche heran, um sich von mir darüber beraten zu lassen, wie japanische Kochkunst den Deutschen nahegebracht werden kann.

Bis zu diesem Zeitpunkt kannte ich die japanische Küche nur von den internationalen Messen, wo sich die Japaner mit attraktivem Aushängeschild präsentieren. Es zeigt ein traditionelles Teehaus, ein „Stückchen" Japan, wie man es von Fotos und aus Büchern kennt: Viele Lampions, Bambus und ringsherum blütenweißes Papier, Strohmatte auf dem Boden und darauf Seidenkissen, die zum Verweilen einladen. Hübsche, lächelnde Mädchen in bunten Kimonos reichen kleine Schalen mit grünem Tee, und auf niedrigen Tischen liegen Werbeprospekte, in denen zu lesen ist: „Besuchen Sie Japan im Frühling, wenn die Kirschen blühen. Dann wird Ihnen Ihre Seele ver-ständlich. In der blühenden Sakura, der Kirschblütenzeit, verkörpert sich poesievoll der japanische Volkscharakter!" Die Werbeleute aus dem Fernen Osten wissen, was der Fremde erwartet! — Zur japanischen Wirklichkeit, zum japanischen Alltag gehören aber nicht nur Blumen und Teehäuser. „Besser Klöße als Blumen" sagt ein Vers eines japanischen Gedichts. Wer seine liebe Not hat, sich und die Seinen satt zu bekommen, der hat keine ungetrübte Freude an einem Blütenzweig, an einem kunstvollen Blumenarrangement oder einer ebenso kunstvollen Haarfrisur. Japans Dichter haben darum auch profanere Dinge besungen, die nicht nur die Seele erquikken, wie das Gedicht der Geisha Osen (um 1770) über die Zubereitung von Klößen beweist:

Nach knetendem Wälzen in
zerstoßenem Reis
Mußt du sie schmelzen mit gro-
ßem Fleiß,
Soll's lohnen die Mühe,
In Bohnenbrühe
Drin kriegen die Klöße
Gehalt erst und Größe.

Toleranz, Geduld und ein „Leben nach Innen" im Einklang mit der Natur gehören in den japanischen Alltag ebenso wie eine strenge Berufswelt, die geprägt ist von harter Arbeit und einer realistischen Einschätzung der Chancen des Einzelnen.

Die japanische Küche aber widerspiegelt in erster Linie die sich in Jahrhunderten geprägte Liebe zu allem Natürlichen. Wie die Gerichte und Abbildungen in diesem Buch zeigen, genießt man in Japan nicht nur mit dem Gaumen, auch das Auge will genießen!

Und dieser Umstand macht die japanische Küche für uns so interessant. Die Art, die Speisen anzurichten, ist ihr ebenso wichtig, wie die Zubereitung, beide sollen nicht nur die Natur widerspiegeln, sondern auch den Einklang mit der jeweiligen Jahreszeit demonstrieren.

Darum werden alle Gerichte stets nur aus den Zutaten bereitet, die in einer bestimmten Jahreszeit erhältlich sind. Aber auch auf andere Weise unterscheidet sich die japanische Küche grundlegend von unserer europäischen: Es gibt keine auf Schmor- oder Bratenfonds basierende Saucen, mit Fett und schweren Fleischsorten wird mehr als sparsam umgegangen.

Viel Fisch und andere Meerestiere, reichlich Gemüse, der unentbehrliche Sojabohnenquark (tofu) und natürlich Reis bestimmen in erster Linie den Speiseplan.

Eine große Rolle bei der Zubereitung vieler Gerichte spielt die dashi-Brühe, eine leichte Fischbrühe, die im deutschen Haushalt gänzlich unbekannt ist. Man kann sie aber durch eine leichte Hühnerbouillon ersetzen. Als Gewürz nimmt die Soja-Sauce eine dominierende Stelle ein. Beinahe 80 Prozent aller japanischen Gerichte werden mit Soja Sauce gewürzt, wobei aber weitere Würzmittel, wie Ingwer, geriebener Meerrettich, roter Pfeffer oder Zitrusfrüchte, durchaus mitverwendet werden.

Die Küche Japans kann uns viele neue Impulse geben und unsere Eßgewohnheiten auf positive Weise beeinflussen. Eine Menge Anregungen finden Sie auf den nächsten Seiten, und ich hoffe, daß Sie daran ebensoviel Freude finden wie alle, die an diesem Buch mitgearbeitet haben.

Ihre Friederun Köhnen

Der Umgang mit Stäbchen

Ein Stäbchen mit dem unteren Drittel

in die Höhlung zwischen Daumen und Zeigefinger stecken, so daß es auf der Spitze des Ringfingers ruht.

Das zweite Stäbchen wie einen Bleistift zwischen Zeige- und Mittelfinger legen

und mit der Daumenkuppe fest andrücken. Dabei sollte die Spitze etwas über die des unteren herausragen.

Das untere Stäbchen soll fest in der Hand ruhen, während man

das obere locker bewegt, um damit den Bissen aufzunehmen und zum Mund zu führen.

INHALT

Sämtliche Rezepte sind für 4 Personen berechnet.

© GAKKEN
Published by GAKKEN CO., LTD.
4-40-5 Kami-ikedai, Ota-ku
Tokyo 145, Japan

ISBN 3-570-02899-2
© Deutsche Ausgabe
1987 Mosaik Verlag GmbH,
München / 5432
Kikkoman Trading Europe GmbH,
Düsseldorf

Alle Rechte vorbehalten,
auch die des teilweisen Abdrucks.
Fotomechanische Wiedergabe
nur mit der Genehmigung des Verlages

Redaktionelle Überarbeitung
und Gestaltung:
Veronika u. Ulrich Müller,
7615 Zell a.H.

Illustrationen:
Birgit Hrouzek
8000 München 70

Gesamtherstellung:
Busche Verlagsgesellschaft m.b.H.,
Dortmund

Printed in Germany

SUPPEN

Während in der europäischen Küche die Suppe im allgemeinen als Menü-Auftakt gereicht wird, häufig sogar die Vorspeise ersetzt, oder — in üppiger Form — auch Hauptgericht sein kann, ist die Suppe in Japan eher Begleiter des gesamten Essens.

Sie wird je nach Art und Zusammenstellung der übrigen Gerichte entweder dazu, oder als Zwischengang genossen. Eine der wichtigsten Funktionen von klaren Suppen ist es, den Gaumen und die Geschmacksnerven zwischen zwei verschiedenen Gerichten zu neutralisieren. Darum sind Geschmack und Aroma stets sehr dezent. Gleichzeitig werden mit einer typischen japanischen Suppe auch optische Reize vermittelt und durch sorgfältig ausgewählte Garnierungen oder die Zusammenstellung der Zutaten die jeweilige Jahreszeit widergespiegelt.

Obwohl es in der japanischen Küche eine Vielzahl von Suppen gibt, kann man zwei Grundtypen unterscheiden: Klare Suppen, die hauptsächlich auf Blaufischbrühe (*dashi,* Rezept Seite 14) basieren und *miso*- Suppen, die sowohl ihren charakteristischen Geschmack, als auch ihre Konsistenz der Sojabohnenpaste (*miso*) verdanken. *Miso*-Suppen allerdings gehören im Normalhaushalt, insbesonders im ländlichen Bereich, auch als Hauptgericht auf den täglichen Speiseplan. Sie können Frühstück sein, oder Abendessen. Jede Region hat ihre speziellen Rezepte.

KLARE SUPPEN

**Brühe mit
Shrimps und Okra**

**Klare Suppe
mit Muscheln**

**Japanische
Eierflockensuppe mit
Huhn und Karotte**

MISO-SUPPEN

Miso-**Suppe**
mit Schweinefleisch
und Frühlingszwiebel

Miso-**Suppe**
mit *tofu* und
chinesischen Pilzen

Miso-**Suppe**
mit weißem Rettich
und grünen Bohnen

KLARE SUPPEN

Brühe mit Shrimps und Okra

Zubereitungszeit: 15 Minuten
Zutaten:
4 mittelgroße Shrimps,
2 frische Okraschoten
(ersatzweise 4 Zuckerschoten),
1 Stück Zitronenschale,
800 ml *dashi* (Blaufischbrühe,
Rezept Seite 14),
1 - 2 Teel. Soja Sauce.

Pro Person ca. 25 kcal

Zubereitung:

1. Die Shrimps schälen,
dabei jedoch den Schwanz
nicht entfernen. Den schwarzen
Darmfaden vorsichtig abheben.

2. Wenig Wasser zum
Kochen bringen, die Shrimps
einlegen, 2 Minuten garen,
abtropfen lassen.

3. Die gewaschenen
Okraschoten (oder Zucker-
schoten) in etwa 5 mm dicke
Scheiben schneiden.

4. Zitronenschale in
hauchdünne Streifen (Julienne)
schneiden.

5. *Dashi* zum Kochen
bringen und mit Soja Sauce
abschmecken. Okra (oder
Zuckerschoten) einlegen, vom
Herd nehmen und einige
Minuten ziehen lassen.

6. Shrimps in vier
Suppenschalen verteilen mit
der heißen Suppe begießen. In
jede Schale 2 bis 3
Zitronenschalenstreifen geben.

Klare Suppe mit Muscheln

Zubereitungszeit: 15 Minuten
Zutaten:
4 große, geschlossene
Venusmuscheln,
1 Stück *konbu* (Seetang) von
ca. 10 cm^2 Größe,
1 Frühlingszwiebel,
1 Stück Zitronenschale,
800 ml Wasser, 1 Eßl. *sake*
(Reiswein), ersatzweise
trockener Sherry (Fino),
1 bis 2 Teel. Soja Sauce.

Pro Person ca. 15 kcal.

Zubereitung:

1. Die Muscheln unter
fließendem Wasser abbürsten.

2. Den Seetang mit einem
feuchten Küchentuch abtupfen,
dabei eventuell vorhandenen
Sand entfernen. Den Seetang in
vier Stücke schneiden.

3. Die Frühlingszwiebel putzen
und schräg in hauchdünne
Ringe, die Zitronenschale in
hauchdünne Streifen (Julienne)
schneiden.

4. Muscheln und Seetang in
einen Topf geben und mit dem

Wasser begießen. Das Wasser
zum Kochen bringen. Kurz
bevor es sprudelnd kocht, den
Seetang herausnehmen. Die
Brühe mit *sake* und Soja Sauce
abschmecken. Solange kochen
lassen, bis sich die Muscheln
geöffnet haben. Dann die Früh-
lingszwiebelstreifen hineingeben. Den Topf vom Herd ziehen
und die Muscheln herausnehmen.

5. Die Muscheln aus den
Schalen brechen und in vier
Suppenschalen verteilen. Mit
Suppe begießen und mit Zitronen-
schalenstreifen garnieren.

Japanische Eierflockensuppe mit Huhn und Karotte

Zubereitungszeit: 20 Minuten
Zutaten:
80 g Hühnerbrustfilet,
1 Teel. *sake* (Reiswein) oder
trockener Sherry (Fino),
3 bis 4 Teel. Soja Sauce,
1 kleine Möhre, 2 Eier,
800 ml *dashi* (Blaufischbrühe,
Rezept Seite 14).

Pro Person 90 kcal.

Zubereitung:

1. Das Hühnerfleisch sehr fein
würfeln. *Sake* mit etwa 1 Teel.
Soja Sauce vermischen und die
Fleischstücke darin 5 Minuten
marinieren.

2. Die Möhre schälen oder
schaben, in etwa 5 mm dicke
Scheiben schneiden.

3. Ganz wenig Wasser mit
etwas Soja Sauce zum Kochen
bringen, Möhrenscheiben darin
2 Minuten garen, dann
abtropfen lassen.

4. Eier mit einer Gabel oder
Stäbchen vermischen, aber
nicht schaumig schlagen.

5. *Dashi* sprudelnd aufkochen
lassen, mit Soja Sauce abschmecken und die Fleischwürfel 2 Minuten darin kochen
lassen. Den Topf vom Herd
ziehen und die Eier unter
gleichmäßigem Rühren ein-
laufen lassen, bis sie Flocken
oder Fäden gebildet haben.

6. Möhrenscheiben in 4
Suppenschälchen verteilen und
mit der heißen Suppe auffüllen.

MISO-SUPPEN

Miso-**Suppe mit Schweinefleisch und Frühlingszwiebel**

Zubereitungszeit: 15 Minuten
Zutaten:
100 g in dünne Scheiben
geschnittenes mageres
Schweinefleisch,
1 kleine Frühlingszwiebel,
800 ml *dashi* (Blaufischbrühe,
Rezept Seite 14),
3 bis 4 Eßl. *miso*
(Sojabohnenpaste),
Ingwersaft (siehe Seite 45).

Pro Person ca. 125 kcal

Zubereitung:

1. Das Schweinefleisch in
etwa 2,5 cm große Vierecke
schneiden.

2. Die geputzte Frühlingszwiebel schräg in etwa 1 cm
breite Streifen schneiden.

3. *Dashi* zum Kochen bringen,
das Schweinefleisch zufügen
und etwa 2 Minuten kochen
lassen.

4. *Miso* in eine Kelle legen,
in die Suppe tauchen, langsam
und unter ständigem Rühren mit
einem Stäbchen nach und nach
Brühe zufügen, bis eine glatte

Mischung entstanden ist. Diese
dann unter weiterem Rühren in
die restliche Brühe einlaufen
lassen. Darauf achten, daß
keine Klümpchen entstehen.

5. Frühlingszwiebel zufügen
und die Suppe ganz kurz
aufkochen lassen, dann rasch
vom Herd nehmen.

6. Frischen, geschälten
Ingwer reiben, durch eine (nur
für diesen Zweck benutzte)
Knoblauchpresse drücken und
den Saft auffangen.

Servieren: Die Suppe in
Schalen füllen und nach
Belieben mit Ingwersaft würzen.

Miso-**Suppe mit** *tofu* **und chinesischen schwarzen Pilzen**

Zubereitungszeit: 15 Minuten
Zutaten:
1/2 Block *tofu* (ca. 150 g,
4 frische chinesische schwarze
Pilze,
800 ml *dashi* (Blaufischbrühe,
Rezept Seite 14),
3 Eßl. *miso* (Sojabohnenpaste).

Pro Person ca. 55 kcal

Zubereitung:

1. Abgetropften *tofu* in etwa 2
cm große Würfel schneiden.

2. Von den schwarzen Pilzen
die Stengel abdrehen, die
Köpfe in 5 mm dicke Scheiben
schneiden.

3. *Dashi* zum Kochen bringen,
Pilze hineingeben, 1 Minute
kochen lassen, *tofu* zufügen.

4. *Miso* in eine Kelle geben
und wie bei „*Miso*-Suppe mit
Schweinefleisch und
Frühlingszwiebel" beschrieben
in die Brühe einrühren.

5. Die Suppe kurz aufkochen
lassen, rasch in Suppenschalen
füllen und servieren.

Hinweis: Angebrochene
Packungen von *miso* halten sich
im Kühlschrank je nach
Salzgehalt 4 bis 6 Wochen.

Miso-**Suppe mit weißem Rettich und Grünen Bohnen**

Zubereitungszeit: 15 Minuten
Zutaten:
100 g langer, weißer Rettich,
8 lange Grüne Bohnen,
800 ml *dashi* (Blaufischbrühe,
Rezept Seite 14),
3 bis 4 Eßl. *miso* (Sojabohnenpaste) – die Menge hängt vom
Salzgehalt der Paste ab.

Pro Person ca. 35 kcal

Zubereitung:

1. Den Rettich unter
fließendem Wasser abbürsten
oder schälen, längs vierteln und
jedes Viertel in dünne
Scheiben schneiden.

2. Die gewaschenen
Bohnen abfädeln und in etwa
2,5 cm große Stücke schneiden.

3. Rettich in das heiße
dashi geben, aufkochen und 2
Minuten kochen lassen. Bohnen
zufügen und die Brühe weitere
2 Minuten kochen.

4. *Miso* in eine Kelle geben
und wie bei „*Miso*-Suppe mit
Schweinefleisch und
Frühlingszwiebeln" beschrieben
in die Brühe einrühren.

5. Die Suppe nur eben
ganz kurz aufkochen, dann
rasch vom Herd nehmen, in
Suppenschalen füllen und sofort
servieren.

Hinweis: Wenn man dieser
Suppe ein Stück *abura-age*
(dünn fritierter *tofu*) zufügt,
bekommt sie einen besonders
interessanten Geschmack.

Grundzubereitung von *dashi* (Blaufischbrühe)

Dashi ist eine wichtige Grundlage für viele japanische Gerichte, vor allem für klare Suppen, *miso*-Suppen, gekochte Gemüsegerichte und Saucen für *tempura*. Die zarte Brühe, die ihr dezentes Aroma *konbu* (getrockneter Seetang) und *katsuobushi* (Blaufischflocken) verdankt, wird fast ebenso eingesetzt wie in Europa eine milde Bouillon.

Wichtige Voraussetzung für das gute Gelingen ist, daß man die Seetangblätter mit einem feuchten Tuch abtupft, dabei jedoch nicht die weiße Puderschicht entfernt, die durch das Trocknen des Seetangs entsteht. Auch darf beim Kochen des *dashi* kein Deckel aufgelegt werden, sonst könnte die Brühe trübe werden und einen unangenehmen Geruch entwickeln.

Instant *dashi*

Instant *dashi* wird in zwei Formen angeboten, einmal pulverisiert, zum anderen als kondensierte Flüssigkeit. In beiden Fällen muß man nur kochendes Wasser zufügen, um die Brühe zu bereiten. Beide Sorten werden vor allem dann benutzt, wenn man rasch eine Grundbrühe braucht oder nur eine kleine Menge benötigt. Weitere Informationen finden Sie im Glossar auf Seite 102 unter den Stichworten *katsuo-dashi* oder *konbu-dashi* (farbige Abildungen).

Zutaten für 4 Portionen

850 ml Wasser,

1 10-cm-großes Stück *konbu* (getrockneter Seetang),

1 Tasse (200 ml = 5 g) *katsuobushi* (getrocknete Blaufischflocken).

1 Den abgetupften Seetang mit einer Küchenschere in 4 gleichgroße Streifen schneiden, damit das Aroma frei werden kann.

2 800 ml Wasser und *konbu* in einem Topf bei nicht zu starker Hitze zum Kochen bringen.

3 Sobald das Wasser zu kochen beginnt, den Seetang herausnehmen.

4 Das restliche Wasser zuschütten, um das Kochen zu unterbrechen.

5 *Katsuobushi* in den Topf geben, Wasser erneut aufkochen lassen.

6 Sobald das *katsuobushi* auf den Boden gesunken ist, die Brühe durch ein Sieb mit Seihtuch abgießen.

Instant *miso* und Instant Klare Suppe

Instant *miso* und Instant Klare Suppe werden einfach in kochendes Wasser eingerührt. Die Zusammensetzung der Produkte ist sehr sorgfältig erfolgt, um so perfekt wie möglich den Geschmack von hausgemachten Suppen zu erreichen. Die Suppen können für den täglichen Bedarf ebenso eingesetzt werden, wie zur Bewirtung von Überraschungsgästen, zumal sie auch bei längerer Lagerung ihre Qualität nicht verändern.

Instant *miso*-Suppe

Die Mischung enthält pulverisiertes *miso*, *wakame*, Weizenglutamat, *katsuobushi*-Pulver, getrocknete Frühlingszwiebeln und anderes. Es gibt zwei Sorten: Rot (*aka*) und weiß (*shiro*), entsprechend dem verwendeten *miso*.

Instant Klare Suppe

Die Mischung besteht aus Salz, getrockneten Pilzen, Soja-Saucenpulver, Weizenglutamat, *nori*, *katsuobushi*-Pulver, getrockneten Frühlingszwiebeln u.a.

JAPANISCHE GEMÜSESUPPE

JAPANISCHE GEMÜSESUPPEN

Gemüsesuppe mit Huhn

Zubereitungszeit: 40 Minuten

Zutaten:

100 g gehäutetes Hühnerbrustfilet,
100 g *gobo* (Schwarzwurzel),
1 Teel. Essig,
1 Kartoffel (ca. 80 g),
100 g langer weißer Rettich,
50 g Möhren,
1 lange Frühlingszwiebel,
1 Block *tofu* (ca. 300 g),
4 frische chinesische schwarze Pilze,
2 Teel. Speiseöl,
1,2 l *dashi* (Blaufischbrühe, Rezept Seite 14),
3 bis 4 Teel. Soja Sauce,
Shichimi togarashi (siehe Glossar Seite 103).

Pro Person ca. 185 kcal

Vorbereitung:

1. Das Hühnerfleisch durch den Fleischwolf drehen oder sehr fein hacken.

2. Schwarzwurzel schälen, in etwa 2,5 cm lange Stücke dann in dünne, spitze Stifte schneiden. Sofort in etwas, mit Essig vermischtes Wasser legen, damit sie sich nicht verfärben. Die Kartoffel schälen, längs vierteln und die Viertel in dünne Scheiben schneiden.

3. Rettich und Möhren ebenfalls schälen oder schaben, längs vierteln und ebenfalls in dünne Scheiben schneiden.

4. Die geputzte Frühlingszwiebel schräg in etwa 1 cm dicke Scheiben schneiden.

5. *Tofu* in grobe Stücke zerteilen, in ein Sieb legen und kräftig ausdrücken.

6. Pilze waschen, bzw. putzen. Stiele herausdrehen, die Köpfe in dünne Scheiben schneiden.

Zubereitung:

1. Das Öl in einem Topf erhitzen. Das Fleisch darin unter Rühren anbraten, bis es weiß geworden ist.

2. Abgetropfte Schwarzwurzeln und das übrige Gemüse zufügen und 1 Minute andünsten.

3. *Dashi* angießen, mit Soja Sauce abschmecken und etwa 5 Minuten kochen. Dann *tofu* und Pilze in den Topf geben und alles nochmal 2 Minuten kochen. Zum Schluß die Frühlingszwiebel zufügen und die Suppe sofort vom Herd nehmen.

Servieren:

Die heiße Suppe in Suppenschalen füllen und eventuell mit *shichimi togarashi* würzen.

Gemüsesuppe mit Schweinefleisch (ohne Foto)

Zubereitungszeit: 30 Minuten

Zutaten:

200 g in dünne Scheiben geschnittenes, nicht zu mageres Schweinefleisch,
Gemüse in gleicher Menge und Zusammenstellung wie in „Gemüsesuppe mit Huhn",
4 frische chinesische schwarze Pilze,
1 ¼ l Wasser,
5 bis 6 Eßl. *miso* (Sojabohnenpaste),
frischer Ingwersaft zum Würzen (siehe Seite 45).

Pro Person ca. 215 kcal

Vorbereitung und Zubereitung:

1. Die Schweinefleischscheiben in etwa 2,5 cm breite Streifen schneiden.

2. Das Gemüse wie in „Gemüsesuppe mit Huhn" beschrieben vorbereiten.

3. Pilze waschen, bzw. putzen. Aus den chinesischen Pilzen die Stiele herausdrehen, die Köpfe in dünne Scheiben schneiden.

4. Gemüse (ohne Pilze) mit dem Wasser in einem Topf aufkochen und in etwa 5 Minuten halbgar werden lassen. Die Pilze zufügen und alles noch 1 Minute kochen lassen.

5. *Miso* in eine Suppenkelle geben, die Kelle in die Suppe tauchen, nach und nach etwas Brühe einlaufen lassen, dabei ständig mit einem Stäbchen rühren. Wenn das *miso* ganz glatt ist, in die Suppe einrühren.

6. Frühlingszwiebeln in die Suppe geben und diese noch 2 Minuten ziehen, nicht mehr kochen lassen.

Servieren:

Die heiße Suppe in Suppenschalen füllen und mit beliebig viel Ingwersaft abschmecken. In Japan nimmt man 1/2 Teel. Ingwersaft pro Portion, das ist für den europäischen Gaumen aber etwas zuviel.

FISCH UND MEERESTIERE

Das Meer war in Japan, einem Land mit verhältnismäßig kleiner landwirtschaftlich nutzbarer Fläche, stets ein Hauptnahrungslieferant. Hinzu kamen religiöse Gründe, die den Genuß von Fleisch jahrhundertelang so gut wie ausschlossen. So haben Fische und Meerestiere in dem Inselstaat immer eine hervorragende Stelle in der Küche eingenommen, nicht zuletzt auch darum, weil alles aus dem Meer kommende das so lebenswichtige Protein in reichstem Maße bieten kann. Noch heute stehen die Japaner im Konsum vom Fisch und Meerestieren an der Weltspitze. Eine ganz besondere Rolle in der Küche des Landes spielen *sashimi,* delikate Zubereitungen von rohem Fisch, die stets auch dem Auge ein Höchstmaß an Genuß bieten.
Bei formellen Essen ist ein *sashimi*-Gang absolutes

Muß, jedoch kann auch ein ganzes Essen nur aus verschiedenen rohen Fisch- oder Meerestier-Gängen bestehen. *Sashimi* sind stets so gut wie die Grundzutat. Das heißt: Nur erstklassige, fangfrische Ware ist für diese Leckerbissen gerade gut genug. Aber auch das Grillen über einer offenen Flamme hat eine zentrale Bedeutung in der japanischen Kochkunst. Zum einen, weil diese Garmethode es erlaubt, Geschmack und Nährstoffe weitgehend zu erhalten, zum anderen, weil die durch die starke Hitze entstehenden Röststoffe vielen Meerestieren ein besonders delikates Aroma verleihen.

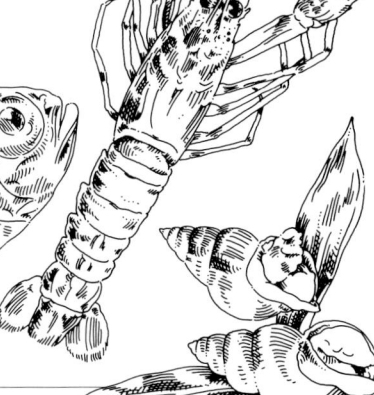

FISCHE UND MEERESTIERE

Gegrillter Lachs
mit *Teriyaki* **Sauce**

Gegrillte Jakobsmuscheln
mit *Teriyaki* **Sauce**

FISCHE UND MEERESTIERE

**Fisch mit Gemüse
in Alufolie**

FISCHE UND MEERESTIERE

Gegrillter Lachs mit *Teriyaki* Sauce

Zubereitungszeit: 25 Minuten
Zutaten:
4 Lachskoteletts von je 200 g
Für die *Teriyaki* Sauce:
1 Teel. Zucker,
1 Eßl. *sake* (Reiswein) oder
trockener Sherry (Fino),
1 Eßl. *mirin* (süßer Reiswein
zum Kochen),
2-3 Eßl. Soja Sauce.
4-8 Stengel Brunnenkresse,
1 Stück langer weißer Rettich
(5 cm aus dem dicken Ende),
1 Eßl. Speiseöl.

Pro Person ca. 400 kcal

Vorbereitung:

1. Die Lachskoteletts mit Haushaltspapier abtupfen. Vorsichtig die Haut und die Mittelgräte entfernen, dabei darf das Fleisch aber nicht auseinanderfallen.

2. Für die *Teriyaki* Sauce alle Zutaten solange miteinander verrühren, bis sich der Zucker ganz aufgelöst hat.

3. Den Fisch in der Sauce 10 Minuten marinieren, dabei häufig wenden.

4. Brunnenkresse putzen, gründlich waschen und abtropfen lassen. Den Rettich schälen und fein reiben.

Zubereitung:

1. Wenn der Fisch unter dem Elektrogrill bereitet wird, kann er nach dem Abtropfen direkt auf den Grillrost gelegt werden. Auf jeder Seite etwa 3 Minuten grillen, dabei hin und wieder mit etwas Sauce einpinseln.

Wird der Fisch in der Pfanne bereitet, das Öl erhitzen, den Fisch 2 bis 3 Minuten braten, vorsichtig wenden und noch weitere 2 Minuten braten. Überflüssiges Öl abgießen und die restliche Marinade in die Pfanne geben. Aufkochen lassen und den Fisch noch 1 bis 2 Minuten garen, dabei mit der Sauce überziehen.

Servieren

Den Lachs auf 4 Teller verteilen, mit dem Bratfond oder der restlichen Marinade übergießen, mit Brunnenkresse und Rettich garnieren.

Gegrillte Jakobsmuscheln mit *Teriyaki* Sauce

Zubereitungszeit: 20 Minuten
Zutaten:
12 Jakobsmuscheln oder
andere mittelgroße
Kammuscheln.
Für die *Teriyaki* Sauce:
1 Teel. Zucker,
3 Teel. *sake* (Reiswein) oder
trockener Sherry (Fino),
1 Eßl. *mirin* (süßer Reiswein
zum Kochen),
2 Eßl. Soja Sauce.
8 Stangen grüner Spargel,
1 Eßl. Speiseöl.

Pro Person ca. 185 kcal

Vorbereitung:

1. Muscheln in der Schale kurz auf die heiße Herdplatte legen, dann lassen sich die Schalen besser öffnen. Das Muschelfleisch auslösen, Byssusfäden und Innereien entfernen. Schon ausgelöste Muscheln gründlich abspülen und mit Haushaltspapier abtupfen.

2. Alle Zutaten für die *Teriyaki* Sauce verrühren, bis sich der Zucker ganz aufgelöst hat. Die Muscheln darin 10 Minuten marinieren.

3. Spargel schälen, dabei alle holzigen Teile sorgfältig entfernen. Wenig Wasser, das eventuell mit etwas Soja Sauce gewürzt werden kann, aufkochen, den Spargel einlegen und in 5 bis 6 Minuten garen. Dann eiskalt abschrecken, abtropfen und abkühlen lassen.

Zubereitung:

Wenn die Muscheln gegrillt werden sollen, gibt man sie nur etwas abgetropft auf den Grillrost. Die Grillzeit beträgt etwa 3 Minuten. Die Muscheln zwischendurch hin und wieder mit Marinade bestreichen und einmal wenden. Wenn sie gebraten werden sollen, wird das Speiseöl in einer Pfanne erhitzt, die abgetropften Muscheln darin 2 Minuten braten, dann wenden und nochmal 1 Minute braten. Die restliche Marinade zugießen, die Muscheln darin noch 1 Minute kochen, dabei mit Marinade beträufeln.

Servieren:

Die fertigen Muscheln zusammen mit dem Spargel anrichten. Gegrillte Muscheln mit der restlichen Marinade, gebratene Muscheln mit dem Bratfond übergießen.

Fisch mit Gemüse in Alufolie

Zubereitungszeit: 40 Minuten
Zutaten:
4 küchenfertige Filets von
weißfleischigem Fisch (z. B.
Kabeljau, Schellfisch, Wittling
oder Meerbrasse) von je ca.
150 g,
2-3 Eßl. Soja Sauce,
4 Teel. *sake* (Reiswein) oder
trockener Sherry (Fino),
100 g Möhren,
2 kleine grüne Paprikaschoten,
1 mittelgroße Zwiebel,
4 frische chinesische schwarze
Pilze (ersatzweise 4 große
Steinchampignons),
1/2 unbehandelte Zitrone, in 4
Spalten geschnitten.

Pro Person ca. 150 kcal

Vorbereitung:

1. Den Backofen auf 180°
(Gas Stufe 2) vorheizen.

2. Fischfilets kurz abspülen,
trockentupfen, mit 1 Eßl. Soja
Sauce und 1 Teel. *sake*
beträufeln und 10 Minuten
ziehen lassen.

3. Die Möhren schälen, in
dünne Scheiben schneiden und
diese nach Belieben in
Blütenform zuschneiden.

4. Von den gewaschenen
Paprikaschoten die Stengel
abschneiden. Von unten her die
Samenstränge entfernen. Die
Paprikaschoten und die zuvor
geschälten Zwiebeln in
hauchdünne Ringe schneiden.

5. Pilze putzen oder waschen
und die Stiele herausdrehen.

6. 4 Stücke Alufolie auf
25 mal 25 cm zuschneiden.

Zubereitung:

1. Die Alufolie in der Mitte mit
dem restlichen *sake* beträufeln.
Die Fischfilets hineinlegen, mit
den Gemüsezutaten dekorativ
belegen und mit der restlichen
Soja Sauce beträufeln.

2. Die Folie locker um den
Fisch hochziehen, oben falzen,
dann die Ränder ebenfalls
zufalzen.

3. Die Päckchen auf den
Bratrost legen und im
vorgeheizten Backofen ca. 15
Minuten garen.

Servieren:

Die Folie öffnen, den Fisch in
der Folie servieren. Dazu die
Zitronenspalten reichen, sodaß
jeder seinen Fisch nach
Belieben mit Zitronensaft
beträufeln kann.

Gebackener Fisch mit *sake* (ohne Foto)

Zubereitungszeit: 30 Minuten
Zutaten:
4 küchenfertige Fischfilets von
je ca. 150 g (siehe voriges
Rezept),
4 frische chinesische schwarze
Pilze (ersatzweise 4 große
Steinchampignons).
200 g frischer Blattspinat,
1 Block *tofu* (ca. 300 g),
4 Teel. Soja Sauce,
4 Eßl. *sake* (Reiswein) oder
trockener Sherry (Fino),
10 cm langer weißer Rettich,
vom oberen, dicken Ende,
1 kleine Frühlingszwiebel.
Für die *ponzu*-Sauce:
4 Eßl. frisch gepreßter
Zitronensaft,
4 Eßl. Soja Sauce,
4 Eßl. Wasser.

Pro Person ca. 220 kcal

**Vorbereitung und
Zubereitung**

1. Den Backofen auf 220° (Gas
Stufe 4) vorheizen.

2. Die Fischfilets kurz
abspülen, trockentupfen und in
etwa 4 cm große Würfel
schneiden. Dabei eventuell
vorhandene Gräten entfernen.

3. Pilze putzen oder waschen
und die Stiele herausdrehen.

4. Blattspinat verlesen,
waschen, tropfnaß in
kochendes, nach Belieben mit
etwas Salz oder Soja Sauce
gewürztes Wasser geben und
30 Sekunden blanchieren, kalt
abschrecken und auf einem
Durchschlag abtropfen lassen,
dabei leicht ausdrücken.

5. Den *tofu* in etwa 2,5 cm
große Würfel schneiden und
ebenfalls abtropfen lassen.

6. Spinat in vier kleine Gratin-
formen oder eine große Form
verteilen. Darauf den Fisch und
die *tofu*-Würfel anrichten. Mit
Soja Sauce und *sake* beträufeln.
Mit einem Deckel oder mit
Alufolie verschließen und in
dem heißen Backofen in 20
Minuten garen.

7. Den Rettich schälen und
fein raspeln, die Frühlingszwiebel putzen und in dünne
Ringe schneiden.

8. Für die *ponzu*-Sauce
Zitronensaft, Soja Sauce und
Wasser vermischen. In ein
Extraschälchen füllen.

Servieren:

Das Gericht sehr heiß zu Tisch
bringen, jeder würzt sich seine
Portion nach Belieben mit
Rettich, Frühlingszwiebeln und
ponzu-Sauce.

FISCH UND MEERESTIERE

Tempura

1 Grundzutaten für die Panade:
1 Ei, 200 ml eiskaltes Wasser, 125 g
durchgesiebtes Mehl.

2 Ei und Wasser miteinander
gut vermischen, Mehl zuschütten
und unterrühren.

3 Zum Panieren z. B. einen Shrimp
am Schwanzende festhalten, in die
Panade tauchen.

4 Shrimps an der Topfseite in das
heiße Fett tauchen, erst nach einer
Sekunde loslassen.

Tempura

Zubereitungszeit: 80 Minuten

Zutaten:

100 g tiefgekühltes, gemischtes Gemüse (Möhren, Erbsen, Maiskörner),

150 g tiefgekühlter Tintenfisch oder tiefgekühlte Tintenfischringe,

4 kleine, küchenfertige Fische (z. B. Sild),

4 große oder 8 mittelgroße Shrimps,

125 g süße Kartoffeln,

125 g Kürbis, ersatzweise Zucchini,

1 mittelgroße Zwiebel,

125 g Möhren,

100 g grüne Bohnen,

4 frische chinesische schwarze Pilze,

1 große Frühlingszwiebel,

75 g geschälte Scampi oder Nordseegarnelen.

Für die Sauce:

200 ml *dashi* (Rezept Seite 14),

3-4 Eßl. *mirin* (süßer Reiswein zum Kochen),

4-5 Eßl. Soja Sauce.

Außerdem:

1 Stück langer weißer Rettich (ca. 10 cm vom dickeren Ende),

1 Stück frischer Ingwer von ca. 5 cm,

1 unbehandelte Zitrone.

Zum Ausbacken 800 ml Speiseöl,

etwas Mehl zum Bestäuben,

Für die Panade:

1 Ei,

200 ml eiskaltes Wasser,

125 g Mehl.

Pro Person ca. 655 kcal

Obwohl *tempura* heute zu den beliebtesten Gerichten in Japan gehört und es sogar spezielle Restaurants gibt, die nur dieses eine Gericht, allerdings in zahlreichen Varianten anbieten, geht sein Ursprung auf die portugiesischen Jesuitenpatres zurück, die Mitte des 16. Jahrhunderts für einige Jahrzehnte nach Japan kamen.

Vorbereitung

1. Das gemischte Gemüse auftauen lassen, ebenso den Tintenfisch oder die Tintenfischringe. Tintenfisch abspülen, trockentupfen und in Ringe schneiden.

2. Sild innen und außen abspülen, trockentupfen und an der Bauchseite mit der Küchenschere so tief einschneiden, daß sich die Fische flach aufklappen lassen.

3. Shrimps schälen, dabei den Schwanz aber dranlassen. Den schwarzen Darmfaden aus jedem Tier entfernen.

4. Die gewaschenen Kartoffeln und den Kürbis schälen. Kartoffeln in etwa 5 mm dicke Scheiben, den Kürbis in nicht zu große Stücke schneiden. (Wird eine Zucchini verwendet, braucht sie nicht geschält zu werden.)

5. Die geschälte Zwiebel längs halbieren und die Hälfte in etwa 5 mm dicke Scheiben schneiden. Vorsichtig mit Holzstäbchen durchstechen, damit die einzelnen Scheiben beim Ausbacken nicht auseinander fallen.

6. Möhren schälen, Bohnen fädeln und waschen. Möhren längs in etwa 5 cm lange, aber dünne Scheiben, die Bohnen in etwa 5 cm lange Stücke schneiden.

7. Die Pilze putzen oder waschen, dann die Stengel herausdrehen.

8. Frühlingszwiebel putzen und in etwa 5 cm lange Stücke schneiden.

9. Die geschälten Scampi oder Garnelen abspülen und abtropfen lassen.

10. Alle Zutaten auf eine Platte geben, mit Klarsichtfolie überziehen und mindestens 30 Minuten bis zum Zubereiten in den Kühlschrank stellen.

11. Für die Sauce *dashi*, *mirin* und Soja Sauce verrühren und unmittelbar vor dem Servieren in vier Schälchen verteilen.

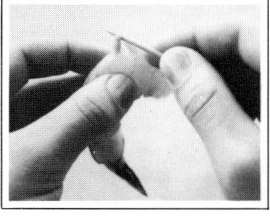

Bei Schrimps müssen immer die schwarzen Darmfäden entfernt werden. Dazu fährt man mit einem Holzstäbchen vorsichtig darunter und entfernt jeden Darm im Ganzen.

12. Den geschälten Rettich und den geschälten Ingwer reiben. Rettich in vier Portionen teilen und später in die Mitte der Sauce geben. Mit dem geriebenen Ingwer bestreuen. Die Zitrone lauwarm abspülen, abtrocknen, vierteln und getrennt in einem Schälchen anrichten.

13. Das Öl in einer Friteuse oder in einem Wok auf ca. 160° C erhitzen.

14. Während das Öl heiß wird, die Panade wie auf Seite 23 beschrieben zubereiten. Die Panade sollte so kühl wie möglich sein, damit die Masse nicht klebrig wird.

Zubereitung:

1. Die Temperatur des Öls prüfen, indem man mit einem Stäbchen einen Tropfen Panade in das Fett gleiten läßt. Wenn der Tropfen etwa halb zu Boden sinkt, dann jedoch nach oben steigt, hat das Öl gut 160° C erreicht, die ideale Temperatur, um harte Gemüse, wie z. B. Kartoffeln und Bohnen zu garen. Sie werden auf jeden Fall zuerst ausgebacken. Dann folgen die zarteren Gemüse und die übrigen Zutaten, für die man die Temperatur um gut 10° C erhöhen kann.

2. Kartoffeln, Kürbis und Zwiebeln werden zubereitet, indem man sie zuerst leicht in die Panade taucht, dann ins Fett gleiten läßt, voneinander löst und unter häufigem Wenden goldbraun ausbäckt. Herausnehmen und abtropfen lassen.

3. Bei den Pilzen wird nur die Unterseite mit Hilfe eines Löffels mit etwas Panade bedeckt. Die Pilze dann mit der panierten Seite nach unten für etwa 1 Minute in das heiße Fett geben.

▰▰▰▰ TiP ▰▰▰▰

Tempura kann man mit Gästen wie ein europäisches Fondue genießen, indem man das Öl in einem Fonduetopf aus Metall auf einem Rechaud auf den Tisch stellt. Die Temperatur für 160° C wie beschrieben prüfen. Wenn das Fett stärker erhitzt wird, hält man ein Stäbchen hinein. Bilden sich um das Stäbchen kleine Bläschen ist es heiß genug. Für Ungeübte sollte man auf jeden Fall die erwähnten Siebe bereithalten. Oder man bereitet das Gericht bei Tisch so zu, wie die Köche der japanischen *tempura*-Restaurants: der Gastgeber oder die Gastgeberin garen die einzelnen Speisen und serviert sie ganz frisch jedem Gast. Die Zubereitung kann dann auch eine zweite Person übernehmen, damit der „erste Koch" selber essen kann.

4. Die Bohnen in kleinen Häufchen von je 4 bis 5 Stücken auf einer flachen Platte anrichten. (Eventuell ganz dünn mit etwas Mehl bestäuben). Mit einer kleinen Kelle oder einem Eßlöffel Panade darüber gießen und alles leicht mischen. Die Häufchen gibt man am besten mit einem Fonduesieb, wie man es für den Chinesischen Feuertopf benutzt, oder mit Stäbchen in das heiße Öl. Die Bohnen sind nach etwa 2 Minuten fertig. Mann sollte aber darauf achten, daß die

Häufchen nicht auseinander fallen. Darum ist für den ungeübten Europäer das o. e. Fritersieb, das im Fachhandel erhältlich ist, immer besser als das Hantieren mit Stäbchen.

5. Ebenso werden das gemischte Gemüse, die Möhren und die mit der Frühlingszwiebel vermischten kleinen Scampi oder Garnelen zubereitet.

6. Nun eventuell noch etwas Öl in die Friteuse oder den Wok gießen und es auf 170 - 180° C erhitzen. Fische, Shrimps und Tintenfischringe dünn mit Mehl bestäuben. Fische und Shrimps am Schwanz festhalten, in die Panade gleiten lassen und 3 bis 4 Minuten ausbacken. Tintenfischringe entweder in das Sieb legen oder mit Stäbchen eintauchen und ins Fett geben. Sie sind gar, wenn die Panade eine goldbraune Farbe hat.

Servieren

1. Die Sauce erwärmen und wie bei Vorbereitung Punkte 11. und 12. beschrieben anrichten.

2. Die fertigen Zutaten rasch auf vier Portionstellern anrichten. Jeder mischt sich nun seine Sauce nach Belieben mit Rettich und Ingwer, taucht die fritierten Speisen hinein und würzt sie nach Belieben noch mit etwas Zitronensaft.

Hinweis: *Tempura* sollte stets in ganz frischem Öl bereitet werden, damit die Panade eine goldbraune Farbe erhält. Selbst gereinigtes Öl kann zu dunkel sein, was die Farbe und auch den Geschmack der zarten Panade beeinflussen könnte.

FISCH UND MEERESTIERE

**Fritierte Makrele in
Essigsauce mariniert**

FISCH UND MEERESTIERE

Lachs-*tofu*-Bällchen

FISCH UND MEERESTIERE

Fritierte Makrele in Essigsauce mariniert

Zubereitungszeit: 70 Minuten

Zutaten:

4 kleine küchenfertige Makrelen von je ca. 300 g, ersatzweise Forellen oder 8 frische Sardinen oder Stinte,
1 mittelgroße Zwiebel,
50 g Möhre,
2 grüne Paprikaschoten,
2 kleine getrocknete Chilischoten,
etwas Mehl zum Bestäuben,
600 ml Speiseöl zum Fritieren.

Für die Marinade:
1 Eßl. Zucker,
4 Eßl. Soja Sauce,
150 ml Reisessig oder leicht verdünnter Apfelessig,
1 unbehandelte Zitrone.

Pro Person ca. 385 kcal

Vorbereitung:

1. Die Makrelen (oder die anderen Fische) innen und außen gründlich abspülen, dann mit Haushaltspapier trockentupfen.

2. Die geschälte Zwiebel in dünne Ringe, die geschälte Möhre in hauchdünne Scheiben schneiden. Die Scheiben nach Belieben in Blütenform schneiden.

3. Paprikaschoten waschen, die Stengelansätze abschneiden. Die Paprikaschoten von unten her von den Samensträngen befreien, dann in hauchdünne Ringe schneiden.

4. Von den Chilischoten die Stengelansätze abschneiden. Ein Stäbchen in die Schoten stecken und mehrmals drehen. So werden die scharfen Samenkörner entfernt. Jede Schote in 3 bis 4 Stücke schneiden.

5. Die Fische innen und außen dünn mit Mehl bestäuben.

TIP

Bei größeren Fischen sollte man eventuell vor dem Zubereiten die Mittelgräte entfernen, weil die Fische dann besser durchgaren. Dazu mit dem Daumen innen an der Rückengräte entlangfahren. Die Gräte dann am Kopf und am Schwanz abschneiden und mit der Messerspitze am Kopfende vorsichtig anheben. Das Messer ganz flach darunterschieben. Die Mittelgräte mitsamt den Seitengräten vorsichtig abheben. Die Rückenhaut darf dabei nicht reißen, damit die Fische ihre Form behalten.

Zubereitung:

1. Das Öl auf ca. 175° C erhitzen. Entweder einen chinesischen Wok benutzen oder eine Friteuse. Die Fische an der Schwanzflosse halten und mit dem Kopf voran in das Fett gleiten lassen. Je nach Größe immer 2 bis 4 aufeinmal. Die Fische in 6 bis 7 Minuten goldbraun ausbacken. Dabei einmal wenden.

2. Nebenher für die Marinade den Zucker, Soja Sauce und Essig verrühren, bis sich der Zucker ganz aufgelöst hat.

3. Die Fische mit einem Schaumlöffel aus dem Fett nehmen, gut abtropfen lassen, dann zum Abfetten auf eine dicke Lage Haushaltspapier geben.

4. Die Fische auf einer tiefen Platte anrichten, mit dem Gemüse und den Chilischoten bestreuen und mit der Marinade übergießen.

5. Die Fische mindestens 1 Stunde marinieren, besser jedoch 24 bis 48 Stunden, dann jedoch zugedeckt in den Kühlschrank stellen. Die Fische hin und wieder wenden.

Servieren:

1. Die Zitrone unter fließendem, lauwarmem Wasser abbürsten, abtrocknen und in dünne Scheiben schneiden.

2. Die Fische auf der Platte, in der sie mariniert wurden, servieren und mit Zitronenscheiben garnieren.

Lachs-*tofu*-Bällchen

Zubereitungszeit: 40 Minuten
Zutaten:
300 g Lachsfilet,
6-7 Teel. Soja Sauce,
2 Eßl. *sake* (Reiswein) oder trockener Sherry (Fino),
1 Block *tofu* (Sojabohnenquark) von ca. 300 g,
2 Eßl. Mehl,
Mehl zum Panieren,
gut 1/2 l Speiseöl zum Ausbacken,
30 g frische Ingwerknolle,
1 kleiner Kopf Eichblattsalat.

Pro Person 345 kcal

Diese Bällchen sollen ganz heiß mit frisch geriebenem Ingwer oder Soja Sauce gegessen werden. Man kann sie aber auch mit scharfem Senf oder einigen Tropfen Zitronensaft würzen.

Vorbereitung:

1. Den Fisch kurz kalt abspülen. Etwa 1/4 l Wasser mit etwas Soja Sauce und dem *sake* in einem Topf zum Kochen bringen. Den Fisch einlegen und 2 bis 3 Minuten bei nicht zu starker Hitze pochieren, abtropfen lassen und mit den Fingern in natürliche Segmente teilen, dabei eventuell vorhandene Gräten entfernen.

2. Den Fisch in einem Mörser zerstampfen oder auf einem Brett ganz fein schneiden.

3. *Tofu* in 6 oder 8 Portionen schneiden. In einem Topf reichlich Wasser sprudelnd aufkochen und den *tofu* darin 2 Minuten kochen. In ein Mulltuch geben und kräftig auspressen, so daß er ganz trocken wird.

4. *Tofu* und Mehl zu dem Lachs geben. Mit Soja Sauce würzen und alles zu einem geschmeidigen Teig kneten.

Daraus Bällchen von 3 bis 4 cm Durchmesser formen und dünn mit Mehl bestäuben.

Zubereitung:

1. Öl in einem chinesischen Wok oder einer schweren Edelstahlpfanne auf etwa 175° C erhitzen. Immer etwa 3 oder 4 Bällchen zusammen darin unter häufigem Wenden goldgelb fritieren. Die Bällchen abtropfen lassen und zum Abfetten auf eine dicke Lage Haushaltspapier legen. Dann heiß halten, bis alle Bällchen fertig sind.

Servieren

1. Den Ingwer schälen und fein reiben. Mit je 1 Teelöffel Soja Sauce in vier Glasschälchen verteilen.

2. Den Salat zerpflücken und eine Servierschale damit auskleiden. Die Lachs-*tofu*-Bällchen darin anrichten.

Japanische Snaks aus Fischkonserven

Fischkonserven aller Art sollte man stets auf Vorrat haben. Wenn Überraschungsgäste kommen, lassen sich daraus im Handumdrehen leckere und dekorative Häppchen zaubern, die man zu *sake* (Reiswein), Bier oder Wein servieren kann.

Gewürzte Ölsardinen

Ölsardinen sehr gut abtropfen lassen, auf Tellern anrichten und mit geriebenem weißen Rettich und in zarte Ringe geschnittenen Frühlings-zwiebeln garnieren. Mit etwas Soja Sauce würzen.

Thunfisch mit Soja-Sauce und Senf

Thunfisch abtropfen lassen, in seine natürlichen Segmente teilen, mit dünnen Ringen von Frühlingszwiebeln und fein gehacktem oder geriebenem frischen Ingwer vermischen. Unmittelbar vor dem Servieren mit einer Sauce beträufeln, die aus 2 Eßl. Reisessig, 3 Eßl. Soja Sauce und beliebig viel Senfpulver gemischt wird.

Kleine Makrelen-Küchlein

200 g abgetropfte Makrelen aus der Dose in Segmente teilen, Mit 1 Teel. frisch geriebenem Ingwer, 1 kleinen verquirlten Ei, 3 Eßl. Mehl, 1 Teel. Soja Sauce und 2 Eßl. fein gehackten Frühlingszwiebeln oder Schnittlauch mischen. Jeweils 1 Eßl. dieser Mischung zu einem flachen Küchlein formen und in heißem Öl auf beiden Seiten knusprig braun braten. Abtropfen lassen und heiß servieren.

FISCH UND MEERESTIERE

**Krebssalat
mit Seetang und
Essigsauce**

**Thunfischsalat mit
Seetang und
Soja-Saucen-Dressing**

**Muschelsalat
mit *miso*-Dressing**

1 Links auf dem Foto getrockneter *wakame,* rechts in Salz konservierter frischer *wakame.*

2 *Wakame* muß vor dem Gebrauch in Wasser eingeweicht werden: Getrockneter *wakame* 10 Minuten, „frischer" nur 2 bis 3 Minuten.

3 Abgetropften *wakame* etwa 10 Sekunden in kochendem Wasser blanchieren, und abtropfen lassen.

4 Falls der Mittelstrunk zu hart ist, muß er herausgeschnitten werden. *Wakame* dann in feine Streifen schneiden.

FISCH UND MEERESTIERE

Krebssalat mit Seetang und Essigsauce

Zubereitungszeit: 20 Minuten
Zutaten:

5 g getrockneter oder 50 g in Salz konservierter frischer *wakame* (eine Seetangart).

Für die Essigsauce:
5 Eßl. Reisessig oder leicht verdünnter Apfelessig,
2 Teel. Zucker,
1 - 2 Eßl. Soja Sauce.
200 g Krebsfleisch aus der Dose,
1 Teel. Reisessig oder leicht verdünnter Apfelessig,
100 g dünne Salatgurke oder 1 japanische Gurke,
einige Blätter Kopf- oder Batavia-Salat.

Pro Person ca. 70 kcal

Dieser erfrischende Salat ist eine appetitanregende Vorspeise, die vor allem an heißen Tagen, wenn man leichte Kost bevorzugt, sehr zu empfehlen ist.

Vorbereitung und Zubereitung:

1. *Wakame* wie auf Seite 31 beschrieben vorbereiten und in 2,5 cm breite Streifen schneiden.

2. Für die Essigsauce den Essig mit dem Zucker verrühren, bis der Zucker sich ganz aufgelöst hat. Die Sauce nach Belieben mit Soja Sauce abschmecken.

3. Krebsfleisch abtropfen lassen, in kleine Segmente teilen und eventuell vorhandene Chitinstreifen entfernen. Krebsfleisch mit 1 Teel. Essig beträufeln.

4. Gurke gründlich waschen und ungeschält in hauchdünne Scheiben schneiden.

5. Salatblätter waschen und trockenschleudern.

6. Krebsfleisch, *wakame*, Gurkenscheiben und Essig-Sauce vermischen.

Servieren:

Unmittelbar nach dem Mischen den Salat auftragen. Portionsschälchen oder eine große Schale mit den Salatblättern auskleiden und den Salat hineinfüllen.

Thunfischsalat mit Seetang und Soja-Saucen-Dressing

Zubereitungszeit: 20 Minuten
Zutaten:

10 g getrockneter oder 100 g in Salz konservierter frischer *wakame* (eine Seetangart).

Für das Soja-Saucen-Dressing:
3 Eßl. Reisessig oder leicht verdünnter Apfelessig,
2 - 3 Eßl. Soja Sauce,
1 Eßl. Sesam- oder anderes Speiseöl.
300 g Thunfisch aus der Dose (im eigenen Saft, ohne Öl),
100 g dünne Salatgurke oder 1 japanische Gurke,
2 kleine Tomaten.

Pro Person ca 200 kcal

Vorbereitung und Zubereitung:

1. *Wakame* wie auf Seite 31 beschrieben vorbereiten und in 2,5 cm breite Streifen schneiden.

2. Für das Dressing alle Zutaten gründlich miteinander vermischen.

3. Thunfisch abtropfen lassen und in seine natürlichen Segmente teilen.

4. Gurke gründlich waschen und ungeschält in hauchdünne Scheiben schneiden.

5. Tomaten mit kochendem Wasser überbrühen, häuten, vierteln, entkernen und in nicht zu kleine Würfel schneiden.

Servieren:

Unmittelbar vor dem Auftragen alle Salatzutaten vermischen und in eine große Schale oder 4 Portionsschälchen geben.

▬ TIP ▬

Selbstverständlich kann man für den Salat auch Thunfisch in Öl verwenden. Dann aber gut abtropfen lassen, um Kalorien zu sparen. 1 Eßl. des abgetropften Öls kann man dann statt Sesam-oder Speiseöl für das Dressing verwenden.

Muschelsalat mit *miso*-Dressing

Zubereitungszeit: 25 Minuten

Zutaten:

80 g frisch aus den Schalen gebrochene Muscheln (z. B. Venusmuscheln, Herzmuscheln, Austern oder Miesmuscheln),

1/10 l Wasser,

1 Teel. *sake* (Reiswein) oder trockener Sherry (Fino),

4 zarte Frühlingszwiebeln.

Für das *miso*-Dressing:

2 Eßl. weißes (süßes) *miso*, ersatzweise 2 Teel. normales *miso*,

2 Eßl. Reisessig oder leicht verdünnter Apfelessig,

1 Eßl. *sake* (Reiswein) oder trockener Sherry (Fino),

1/2 Teel. Zucker,

1 Eßl. *mirin* (süßer Reiswein zum Kochen).

Eventuell etwas geriebener *wasabi* (japanischer grüner Meerrettich) oder *wasabi*-Pulver.

Pro Person ca. 55 kcal

Vorbereitung und Zubereitung

1. Muscheln in ihren Schalen bis zur Verarbeitung (mindestens jedoch 1 Stunde) in Salzwasser legen, damit sie ihren Sand abstoßen. Die Muscheln aus den Schalen brechen und nach Belieben roh oder gekocht verwenden. Zum Kochen das Wasser mit *sake* vermischen, einmal sprudelnd aufkochen und die Muscheln darin knapp 1 Minute blanchieren. Abtropfen und abkühlen lassen.

2. Die Frühlingszwiebeln putzen, in etwa 2,5 cm große Stücke schneiden und in kochendem Wasser knapp 1 Minute blanchieren, rasch eiskalt abschrecken und gründlich abtropfen lassen.

3. Für das *miso*-Dressing alle Zutaten solange verrühren, bis eine glatte Sauce entstanden ist und der Zucker sich aufgelöst hat.

4. Unmittelbar vor dem Servieren alle Zutaten und das Dressing miteinander vermischen.

Servieren:

Den Salat in kleine Schälchen füllen und nach Belieben mit etwas *wasabi* garnieren. Oder man gibt den Salat ohne Dressing in Schälchen, träufelt nur ein wenig Dressing darüber und reicht den Rest getrennt. Dann kann sich jeder Gast seinen Salat individuell mischen.

Die Bedeutung von Seetang für kalorienarme Ernährung

Seetang enthält eine ungewöhnliche Menge von Mineralien und Vitaminen, besonders Vitamin A, Kalzium und Phosphate. Außerdem ist es ein reiner, die Verdauung fördernder Ballaststoff ohne Kalorien, der vermutlich den Cholesterinspiegel senkt. In Japan werden verschiedene Seetangarten für den täglichen Speiseplan verwendet. Am häufigsten *nori, konbu* und *wakame*. (siehe auch Kapitel „Gemüsegerichte", Seite 65).

Nori ist leicht geröstet und wird ohne große Vorbereitungen gegessen und vor allem für die *sushi*-Zubereitung (siehe Seite 80) benötigt. *Konbu* braucht man in erster Linie für die Grundbrühe *dashi* (siehe Seite 14), während *wakame* an Suppen und Salate gegeben wird. *Wakame* hat einen sehr dezenten Eigengeschmack, kann darum sehr gut mit anderen Zutaten kombiniert werden. Seine frische grüne Farbe wirkt appetitlich und damit auch appetitanregend.

FISCH UND MEERESTIERE

Verschiedene *sashimi*

Verschiedene *Sashimi*

Sashimi ist der japansiche Überbegriff für rohes Fischfilet, das aber auf besondere Weise geschnitten und sehr typisch gewürzt wird. Ein offizielles Essen ohne einen *sashimi*-Gang ist undenkbar. Andererseits kann aber auch ein ganzes Menü aus verschiedenen *sashimi* bestehen.

Wichtigste Voraussetzung für das gute Gelingen ist taufrisches und erstklassiges Fischfleisch, das weder intensiv nach Fisch schmecken, noch riechen darf.

Fast jeder Fisch ist für die *sashimi*-Zubereitung geeignet, wenngleich in Japan die Wahl der Sorten sehr stark den Jahreszeites unterworfen ist, ein Fisch also immer dann verwendet wird, wenn sein Geschmack optimal ist. Ebenso werden auch die Gewürze und andere Zutaten den Jahreszeiten entsprechend gewählt.

Sashimi-**Variationen**

a Thunfisch *(maguro)* wird in beliebige Formen geschnitten. Das rosafarbene Fleich ist sehr fetthaltig und aromatisch, während das rote einen einfacheren, aber sehr erfrischenden Geschmack hat.

b Heilbutt *(hirame)* wird in hauchdünne Scheiben geschnitten.

c Tintenfisch *(ika)* wird ebenfalls sehr dünn geschnitten und mit *nori* als Rollen geformt serviert.

d Gelbschwanzfisch *(hiramasa)* ergibt ganz besonders delikate *sashimi,* ist bei uns aber fast unbekannt, man könnte statt dessen rohen Lachs oder Lachsforelle verwenden.

Unten: Marinierte Makrelen *(shimesaba).* Feingeschnittene Makrelenscheiben mit reichlich Salz bestreut mehrer Stunden stehen lassen, dann in Essig marinieren und mit geriebenem Rettich und frischem Ingwer dekorativ anrichten.

Sashimi **von Kugel-Fisch** *(fugu-sashi)*

Sashimi von Kugel-Fisch sind für Japaner *die* Delikatesse schlechthin. Leider läßt sie sich bei uns im häuslichen Bereich nicht nachvollziehen. Zum einen, weil es diesen exquisiten Fisch bei uns nicht gibt, zum anderen, weil Leber und Eierstöcke des *fugu* ein absolut tödliches Gift enthalten und die Zubereitung des Tieres auch in Japan nur von speziell ausgebildeten Köchen vorgenommen wird, die streng geprüft werden, ehe sie den Fisch bereiten dürfen.

Sashimi **von Bonito** *(katsuo)*

Für dieses Gericht sollte man den „Echten Bonito", nicht den mit ihm verwandten Blaufisch verwenden. Bonito hat eine sehr fettreiche Haut, die über einem offenen Feuer gegrillt wird. Die Haut wird dabei knusprig, das Fleisch auf der Innenseite bleibt roh und zart. Die Fischscheiben serviert man mit *ponzu*-Sauce, (siehe Seite 57) und würzenden Zutaten, wie in dünne Scheiben geschnittenen Knoblauchzehen, Frühlingszwiebeln, langen weißen in Streifen geschnittenem Rettich, geraspeltem Ingwer und anderen.

Sashimi **von Seebrasse** *(tai)* **und Meeresschnecke** *(sazae)*

Diese *sashimi* gibt es in Japan nur im Frühling. Sie werden dann gerne mit Rapsblüten garniert. Die Seebrasse, in Japan wegen ihres besonders delikaten Geschmacks „König der Fische" genannt, wird in dünne Scheiben geschnitten. *Sazae* ist ein typisches Produkt der japanischen Gewässer und bei uns nicht erhältlich. Man kann aber beliebige andere Meeresschnecken oder auch frische Muscheln (z. B. Austern und Venusmuscheln) als *sashimi* bereiten. Das ausgelöste und gewürzte, fein zerschnittene Fleisch wird dann in den Muschelschalen serviert.

Deutsche und japanische Bezeichnungen aller Bildtafeln in diesem Buch

36

FLEISCHGERICHTE

Fleisch hat in der traditionellen, stark durch den Buddhismus geprägten Kochkunst Japans bis zu dessen Öffnung zum Westen um 1850 keine Rolle gespielt. Mit den westlichen Einflüssen kam auch die Neugier auf fremde Eßgewohnheiten, und so fanden nach und nach Schweinefleisch, Rindfleisch und einige Geflügelarten Eingang in die Küche Japans.

Da vielen Japanern der Geruch von gekochtem Fleisch nicht angenehm ist, wird er durch dezente Würze gemildert, wobei aber stets darauf geachtet wird, daß der charakteristische Eigengeschmack der jeweiligen Fleischsorte erhalten bleibt oder zart unterstrichen wird.

Von allen Geflügelarten ist das Huhn sicherlich die in Japan beliebteste. Sein zartes Fleisch kommt der so sehr geschätzten leichten Kost besonders entgegen. Es wird in erster Linie gekocht oder mild geschmort, nur in seltenen Fällen gebraten, häufig aber auch fettarm gegrillt.

Rindfleisch, besonders die marmorierten, *shimofuri* (das heißt Rauhreif) genannten Sorten, erfreut sich höchster Beliebtheit und gehört als fester Bestandteil zu *sukiyaki.* Allerdings ist es gegenüber anderen Fleischsorten sehr teuer. Darum wird in der Alltagsküche häufig auf Schweinefleisch zurückgegriffen, das in ähnlicher Weise wie Hühnerfleisch zubereitet wird, wodurch die Verträglichkeit viel besser ist, bei den als in Europa üblichen Zubereitungsarten.

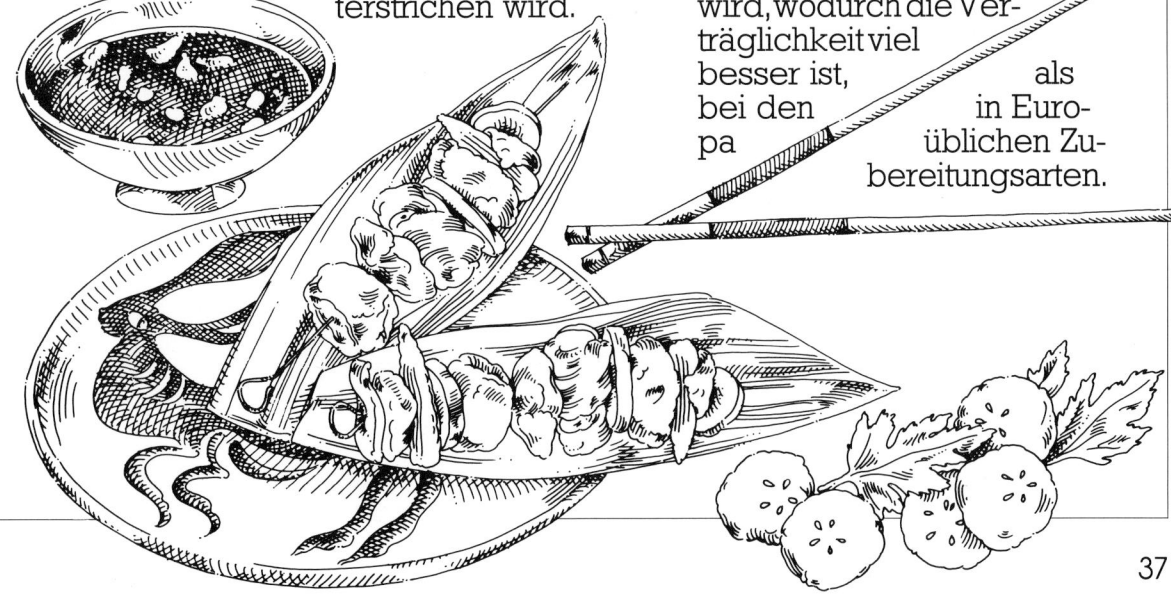

FLEISCHGERICHTE

Grillspießchen mit Huhn (*yakitori*)

FLEISCHGERICHTE

**Hühnerrollen mit
Frühlingszwiebeln
gefüllt**

**Mariniertes, fritiertes
Hühnerfleisch**

FLEISCHGERICHTE

Grillspießchen mit Huhn *(yakitori)*

Zubereitungszeit: 40 Minuten

Zutaten:

Für die *yakitori*-Sauce:
1 Eßl. Zucker,
4 - 6 Eßl. *mirin* (süßer Reiswein zum Kochen),
8 - 10 Eßl. Soja Sauce,
8 - 10 Eßl. *sake* (Reiswein), ersatzweise trockener Sherry (Fino).
300 g Hühnerbrustfilets ohne Knochen, jedoch mit Haut,
200 g Hühnerlebern,
4 frische chinesische schwarzer Pilze, ersatzweise große Steinchampignons,
4 kleine grüne Paprikaschoten,
1 - 2 Stangen junger Lauch,
2 Eßl. Speiseöl.
Nach Belieben noch Soja Sauce, Zitronenspalten und *shichimi togarashi* (siehe Glossar) zum Würzen.

Pro Person ca. 350 kcal

TIP

Bewahren Sie eine angebrochene Flasche Soja Sauce stets im Kühlschrank auf. Bei Zimmertemperatur kann eine gute Soja Sauce, die ja ein Naturprodukt ist, sozusagen nachgären und ihr feines Aroma stark verändern.

Vorbereitung:

1. Für die *yakitori*-Sauce alle Zutaten in einem großen Topf mischen, zum Kochen bringen und bei starker Hitze um gut 1/3 einkochen lassen. Die Sauce dann in ein hohes Gefäß geben, sodaß man später die Spießchen besser marinieren kann.

2. Hühnerbrustfilets gründlich abspülen, trockentupfen und in etwa 2,5 cm große Würfel schneiden.

3. Hühnerlebern ebenfalls abspülen, trockentupfen und von Röhren und Sehnen befreien. Dann je nach Größe halbieren.

4. Pilze putzen oder waschen, die Stiele aus den Köpfen drehen, die Köpfe halbieren (bei Steinchampignons können auch die Stiele mitverwendet werden).

5. Die gewaschenen Paprikaschoten der Länge nach vierteln, dabei von Samensträngen und Stengelansätzen befreien. Die Paprikaviertel quer halbieren oder dritteln.

6. Den Lauch putzen, nur die hellen Stielteile verwenden und in etwa 2,5 cm lange Stücke schneiden.

7. 25 - 30 Bambusspießchen für einige Minuten in kaltes Wasser legen, damit sie während des Grillens nicht verbrennen.

8. Die Spieße unterschiedlich bestücken. Entweder nur mit Fleisch- oder Leberwürfeln, nur mit Gemüse oder abwechselnd mit Gemüse und Fleisch. Wichtig ist vor allem, daß die einzelnen Stücke nicht zu dicht aneinander gesteckt werden, damit die Hitze besser eindringen kann.

Zubereitung:

1. Die Spieße können sowohl auf einem Holzkohlengrill, als auch unter einem Elektrogrill oder in einer Grillpfanne gegart werden. Ist das alles nicht vorhanden, kann man auch eine normale Bratpfanne verwenden, in die man dann portionsweise das Speiseöl gibt.

2. Die Spießchen in die Sauce tunken, abtropfen lassen und unter häufigem Wenden grillen. Dabei entweder nur kurz anbraten, dann wieder in die Sauce tauchen und diesen Vorgang noch ein- bis zweimal wiederholen oder die Spießchen während des Garens häufig mit der Sauce einpinseln. Wird eine Bratpfanne verwendet, brät man die Spießchen in dem Öl kurz an und bestreicht sie anschließend häufig mit Sauce. Da die Sauce wegen des Zuckers leicht karamelisiert, muß die Pfanne nach jeder Portion gereinigt werden. Die fertigen Grillspießchen kann man nach Belieben abkühlen lassen oder bis zum Verzehr im Backofen warm halten.

3. Spießchen, die ausschließlich mit Gemüse bestückt sind, werden nur einmal kurz in die Sauce getaucht und dann zubereitet. Man kann sie anschließend nach Belieben mit etwas Soja Sauce und einigen Tropfen Zitronensaft beträufeln.

Servieren:

Yakitori rasch auf einer großen Platte anrichten und bei Tisch nach Belieben mit *shichimi togarashi* nachwürzen.

Hühnerrollen mit Frühlingszwiebeln gefüllt

Zubereitungszeit: 40 Minuten,
+ 20 Minuten zum Marinieren

Zutaten:

4 Hähnchenschenkel.

Für die Marinade:

1 - 2 Eßl. Zucker,
3 - 4 Eßl. Soja Sauce,
2 Eßl. *sake* (Reiswein),
ersatzweise trockener Sherry
(Fino),
1 Teel. frischer Ingwersaft
(siehe Seite 45),
4 Frühlingszwiebeln, etwas
Mais- oder Reisstärke,
1 Eßl. Speiseöl,
100 ml *sake* (Reiswein),
1 dünne Stange Lauch oder
100 g langer weißer Rettich
zum Garnieren.

Pro Person ca. 315 kcal

Vorbereitung:

1. Die Schenkel waschen, trockentupfen, dann am Knochen entlang das Fleisch in einem langen Schnitt tief einschneiden und vorsichtig vom Knochen lösen. Den unteren Fleischrand abschneiden. Das Fleisch mit dem Handballen gleichmäßig dick auseinanderdrücken.

2. Marinadenzutaten vermischen und die Fleischstücke für 20 Minuten hineinlegen.

3. Frühlingszwiebeln putzen und der Breite der Fleischscheiben entsprechend zurechtschneiden. Das Fleisch mit der Hautseite nach unten auf die Arbeitsfläche legen und die Fleischseite dünn mit Stärke überpudern. Frühlingszwiebeln darauf legen und das Fleisch zu Rouladen zusammenbinden.

Zubereitung:

1. Das Öl in einer tiefen Pfanne erhitzen und die Hühnerrollen darin rundherum knusprig braun anbraten. Aus der Pfanne nehmen und das Fett aus der Pfanne abgießen.

2. *Sake* oder Weißwein in die Pfanne geben und bei nicht zu starker Hitze etwa 7 Minuten einkochen lassen. Die restliche Marinade zufügen und alles zum Kochen bringen. Die Hühnerrollen einlegen und mit aufgelegtem Deckel noch 7 bis 8 Minuten garen. Dabei hin und wieder wenden.

3. Lauchstange putzen oder Rettich schälen. Den Lauch in hauchfeine Streifen schneiden oder den Rettich in lange, dünne Streifen raspeln.

Servieren:

1. Die Hühnerrollen in etwa 3 cm dicke Scheiben schneiden und auf Servierteller verteilen.

2. Mit dem Schmorfond umgießen und mit Lauch- oder Rettichstreifen garnieren.

Mariniertes, fritiertes Hühnerfleisch

Zubereitungszeit: 20 Minuten,
+ 20 Minuten zum Marinieren

Zutaten:

400 g Hähnchenbrustfilet.

Für die Marinade:

2 - 3 Eßl. Soja Sauce,
1 - 2 Eßl. *sake* oder trockener
Sherry (Fino),
1 Teel. frischer Ingwersaft
(siehe Seite 45),
4 kleine grüne Paprikaschoten,
Mais- oder Reisstärke zum
Bestäuben,
ca. 1/2 l Speiseöl zum Fritieren.

Pro Person ca 355 kcal

Vorbereitung:

1. Hühnerfleisch abspülen, trockentupfen und in etwa 4 cm große Würfel schneiden.

2. Für die Marinade Soja Sauce, *sake* oder Sherry und Ingwersaft mischen. Die Fleischwürfel darin unter häufigem Wenden 20 Minuten marinieren.

3. Paprikaschoten waschen, abtropfen lassen, an ihren „Nahtstellen" aufschneiden, von Stengelansätzen und Samensträngen befreien und nach Belieben noch quer halbieren.

4. Die abgetropften Fleischwürfel dünn mit Stärke überpudern.

Zubereiten und Servieren

1. Das Öl in einem chinesischen Wok oder in einem Fritiertopf auf mindestens 160° C erhitzen. Die gut abgetrockneten Paprikastücke darin nur etwa 30 Sekunden fritieren (sie müssen trocken sein, sonst spritzt das Fett zu sehr). Abtropfen lassen und auf einer dicken Lage Haushaltspapier abfetten. Dann warm stellen.

2. Die abgetropften Fleischstücke portionsweise in dem heißen Fett in etwa 4 Minuten unter häufigem Wenden goldbraun ausbacken. Gründlich abtropfen lassen und zusammen mit den Paprikaschoten servieren.

FLEISCHGERICHTE

**Hühnerfleisch-
bällchen**

**Huhn und Rettich
in Wein gekocht**

FLEISCHGERICHTE

**Hähnchenhachée
in der Pfanne gebraten**

FLEISCHGERICHTE

Hühnerfleischbällchen

Zubereitungszeit: 25 Minuten

Zutaten:

300 g entbeintes Hühnerfleisch ohne Haut,

1 Teel. Zucker,

4 - 6 Eßl. Soja Sauce, 1 Ei,

2 Eßl. Mais- oder Reisstärke, Mehl zum Formen,

200 g zarte Grüne Bohnen,

400 ml *dashi* (Blaufischbrühe, Rezept Seite 14),

1 - 2 Eßl. *sake* (Reiswein) oder trockener Sherry (Fino),

1 - 2 Eßl. *mirin* (süßer Reiswein zum Kochen, nach Belieben Salz oder Soja Sauce.

Pro Person ca. 215 kcal

Vorbereitung

1. Hühnerfleisch durch den Fleischwolf (feine Scheibe) drehen, in eine Schüssel geben.

2. Zucker, 1 - 2 Eßl. Soja Sauce (je nach Geschmack), das Ei und die Stärke zufügen und alles zu einem glatten Teig verarbeiten. Aus dem Teig mit dünn bemehlten Händen Bällchen von etwa 4 cm Durchmesser formen.

3. Die Bohnen fädeln, waschen und in etwa 5 cm lange Stücke schneiden.

Zubereitung:

1. *Dashi* oder Hühnerbrühe mit *sake, mirin* und beliebig viel Soja Sauce abschmecken, einmal aufkochen lassen und die Bällchen hineingeben.

2. Die Brühe darf nun nur noch eben simmern. Die Bällchen in 3 bis 5 Minuten garen, dabei darauf achten, daß sie nicht aneinander kleben.

3. Etwas Wasser in einem anderen Topf zum Kochen bringen, nach Belieben mit Salz oder Soja Sauce würzen, die Bohnen hineingeben und auch etwa 7 Minuten kochen.

Servieren:

1. Die Bällchen auf vor-gewärmten Tellern anrichten.

2. Die Bohnen mit einem Schaumlöffel aus ihrem Kochwasser nehmen und die Bällchen damit garnieren.

3. Die Brühe durch ein feines Haarsieb geben, nach Belieben um die Bällchen gießen oder getrennt in Suppenschälchen servieren.

Huhn mit Rettich in Wein gekocht

Zubereitungszeit: 40 Minuten

Zutaten:

400 g entbeintes Hühnerfleisch ohne Haut,

200 g langer, weißer Rettich,

300 ml Wasser,

1 Teel. Zucker,

2 - 3 Eßl. Soja Sauce,

2 Eßl. *mirin* (süßer Reiswein zum Kochen),

3 - 4 Eßl. trockener Rotwein.

Pro Person ca. 275 kcal

Dieses schlichte, aber delikate Gericht bekommt sein feines Aroma durch den Wein, der aber auf jeden Fall erst ganz zum Schluß zugefügt werden sollte. Es muß ein kräftiger Wein sein, da ja die Menge nur sehr gering ist. Für den europäischen Geschmack kann man zur Unterstützung noch etwas trockenen Sherry (Fino) zufügen.

Vorbereitung:

1. Das Hühnerfleisch abspülen, abtropfen lassen und in etwa 3 cm große Würfel schneiden.

2. Den Rettich schälen, in nicht zu gleichmäßige, etwa 2,5 cm große Stücke schneiden.

Zubereitung

1. Das Wasser mit Zucker und Soja Sauce abschmecken und bei nicht zu starker Hitze aufkochen lassen. Fleisch und Rettich einlegen und etwa 15 Minuten sanft köcheln lassen.

2. *Mirin* in die Brühe geben und alles noch solange kochen, bis das Fleisch weich ist. Das dauert je nach Qualität noch 5 bis 10 Minuten.

3. Zum Schluß Rotwein (und eventuell Sherry) zufügen und die Brühe 1 bis 2 Minuten weiterkochen.

Servieren:

Heiß in Suppenschalen verteilen.

Hühnerhachée in der Pfanne gebraten

Zubereitungszeit: 30 Minuten

Zutaten:

400 g entbeintes
Hühnchenfleisch ohne Haut,
1 kleines Stück heller Lauch
(ca. 5 cm lang),
2 Teel. Zucker,
2 - 3 Teel. Soja Sauce,
2 - 3 Teel. *sake* (Reiswein)
oder trockener Sherry (Fino),
1 Teel. Ingwersaft (siehe
Anmerkung),
1 kleines Ei,
2 Teel. Speiseöl,
2 Teel. Sesamkörner,
4 große Zweige Brunnenkresse
zum Garnieren.

Pro Person ca 275 kcal

Vorbereitung:

1. Das Hühnerfleisch durch
den Fleischwolf (feine Scheibe)
drehen und in eine Schüssel
geben. Den Lauch putzen und
fein hacken.

Zubereitung:

1. Lauch, Zucker, Soja Sauce,
sake, Ingwersaft und das Ei zu
dem Hähnchenfleisch geben
und alles gut mischen, bis ein
glatter Teig entstanden ist.

2. Das Öl in einer kleinen
Pfanne bei nicht zu starker
Hitze heiß werden lassen. Die
Fleischfarce hineingeben und
die Oberfläche mit einem
Spatel glatt streichen.

Die Masse 3 bis 4 Minuten
braten, bis sie zu bräunen
beginnt, dabei darauf achten,
daß sie nicht anbrennt. Dann
vorsichtig wenden und auch die
Oberseite bräunen.

3. Nebenher in einer
beschichteten Pfanne ohne
Fettzugabe die Sesamkörner
goldbraun rösten. Gleich nach
dem Wenden über das Fleisch
streuen und das Fleisch
noch ca. 3 Minuten braten.

4. Fleisch erkalten lassen und
in diagonal in Achtel schneiden.

Servieren:

Das Hachée mit der
gewaschenen, trockenge-
schwenkten Brunnenkresse auf
Portionstellern anrichten.

Anmerkung:

Frischen Ingwersaft bekommt
man, indem man frische
Ingwerknolle fein reibt und
dann in einer nur für diesen
Zweck verwendeten
Knoblauchpresse kräftig
ausdrückt. Vorsichtig dosieren,
da der Saft für europäische
Gaumen sehr scharf ist.

Gebratene *tofu*-Frikadellen (ohne Foto)

Zubereitungszeit: 30 Minuten

Zutaten:

300 g Rinderhackfleisch,
1 Block *tofu* (Sojabohnenquark),
1 junge Stange Lauch oder 1
Frühlingszwiebel,
1 dünnes Stück frischer
Ingwer,
1 Ei, 3 Eßl. Mehl,
2 - 3 Eßl. Soja Sauce,
1 Eßl. Speiseöl.
Beliebige Beilagen, wie z.B.
Grüner Salat, Brunnenkresse.
Shichimi togarashi oder Senf
zum Nachwürzen.

Pro Person ca. 315 kcal

Die Frikadellen werden durch den *tofu*-Zusatz
besonders locker und leicht. Sie können sowohl
kalt, als auch warm gegessen werden und sind
darum sehr gut als Teil eines Büfetts geeignet.

Vorbereitung:

1. Das Hackfleisch in eine
Schüssel geben und mit einer
Gabel etwas lockern.

2. *Tofu* in 4 Würfel schneiden,
in ein sauberes Küchentuch
einschlagen und kräftig
auspressen, bis der *tofu* ganz
trocken ist. Dann mit einer
Gabel nicht zu fein zerdrücken.

3. Lauch oder Früh-
lingszwiebel putzen und in
feine Ringe schneiden. Ingwer
schälen und sehr fein würfeln.
Mit dem *tofu* zu dem Fleisch
geben, das leicht verquirlte Ei

und das Mehl zufügen und alles
zu einem geschmeidigen Teig
kneten. Mit Soja Sauce kräftig
abschmecken. und zu 8 flachen
Frikadellen formen.

Zubereitung:

Das Öl in einer großen Pfanne
erhitzen und die Frikadellen
darin auf jeder in 4 bis 5
Minuten braun braten.

Servieren:

Mit einer beliebigen Beilage
und Gewürzen auftragen.

FLEISCHGERICHTE

Rindfleisch mit Kartoffeln und Zwiebeln

Leicht gegrilltes Rindfleisch

FLEISCHGERICHTE

Rindfleischröllchen
mit Gemüse gefüllt

Mais- oder Reisstärke in ein
Sieb geben. Das Fleisch dann dünn
bestäuben.

Fleischstreifen leicht versetzt
um das Gemüse wickeln, sodaß
sich lange Röllchen bilden.
Enden mit Holztäbchen befestigen.

Fleischröllchen in
einer Pfanne anbraten, mit der
Schmorflüssigkeit bedecken
und garen.

FLEISCHGERICHTE

Rindfleisch mit Kartoffeln und Zwiebeln

Zubereitungszeit: 40 Minuten

Zutaten:

300 g in hauchdünne Scheiben geschnittenes Rindfleisch (am besten aus dem Roastbeef),
500 g mittelgroße Kartoffeln,
2 mittelgroße Zwiebeln,
4 Teel. Speiseöl,
125 ml (1/8 l) Wasser,
50 ml *sake* (Reiswein) oder trockener Sherry (Fino),
2 Teel. Zucker,
3–4 Eßl. Soja Sauce.

Pro Person ca. 315 kcal.

Vorbereitung:

1. Das Rindfleisch in etwa 4 cm breite Streifen schneiden.

2. Die gewaschenen Kartoffeln schälen und längs und quer einmal durchschneiden.

3. Die Zwiebeln schälen. Der Länge nach halbieren, dann in dünne Scheiben schneiden.

Zubereitung:

1. 2 Teel. Öl in einem dickwandigen Topf erhitzen und das Fleisch darin unter Rühren etwa 2 Minuten braten, bis es rundherum Farbe genommen hat. Dann aus dem Topf nehmen und beiseite stellen.

2. Das restliche Öl in dem Topf heiß werden lassen. Kartoffelstücke und Zwiebeln darin braten, bis die Zwiebeln beginnen, glasig zu werden.

3. Wasser und *sake* angießen. Zucker zufügen. Den Topf schließen. Die Kartoffeln und Zwiebeln etwa 15 Minuten kochen lassen. Dann erst die Soja Sauce angießen, das Fleisch zufügen und alles zugedeckt noch etwa 10 Minuten kochen.

Servieren:

Das Gericht in heißen Servierschalen auftragen.

Leicht gegrilltes Rindfleisch

Zubereitungszeit: 40 Minuten

Zutaten:

400 g mageres Rindfleisch (Rumpsteak oder Hüfte), in etwa 5 cm große Würfel geschnitten,
200 g langer weißer Rettich aus dem oberen dicken Ende,
1/2 junge Frühlingszwiebel (grüner Teil),
1 unbehandelte Zitrone,
2 Teel. Speiseöl,
6–8 Teel. Soja Sauce.

Pro Person ca. 180 kcal

Vorbereitung:

1. Eventuell Fettreste vom Fleisch entfernen. Die Fleischwürfel dann schräg zur Faser jeweils in 3 Teile schneiden.

2. Den Rettich schälen und fein reiben. Wenn er zuviel Wasser enthält, in einem Sieb abtropfen lassen, dabei jedoch nicht ausdrücken.

3. Das geputzte und gewaschene Frühlingszwiebelgrün in feine Ringe schneiden.

4. Die Zitrone lauwarm abwaschen, quer halbieren und von jeder Hälfte 2 hauchdünne Scheiben abschneiden.

Zubereitung:

1. Das Rindfleisch mit dem Öl einpinseln, unter den vorgeheizten Grill legen und rundherum kurz grillen, bis die Oberfläche leicht zu bräunen beginnt.

2. Das Fleisch auf einem Rost abkühlen lassen und in etwa 2,5 cm große Würfel schneiden.

Servieren:

1. Rindfleisch in vier Portionsschälchen verteilen, mit Rettich und den Frühlingszwiebelröllchen bestreuen. Mit je einer Zitronenscheibe garnieren.

2. Bei Tisch nach Belieben Soja Sauce über das Fleisch träufeln. Leicht mit Rettich und Frühlingszwiebel mischen und aus den restlichen Zitronenstücken den Saft darüber pressen.

Hinweis:

Wer das Gericht etwas pikanter möchte, schneidet das Rindfleisch statt in Würfel in dünne Scheiben und bestreicht sie statt nur mit Öl mit einer Mischung aus Öl und Soja Sauce. Vor dem Grillen dann einige Minuten beizen.

Rindfleischröllchen mit Gemüse gefüllt

Zubereitungszeit: 40 Minuten

Zutaten:

300 g mageres Rindfleisch, in lange, dünne Scheiben geschnitten (ersatzweise mageres Schweinefleisch),
100 g Möhren,
100 g *gobo* (Schwarzwurzeln),
1 Teel. Essig,
1 1/2 Eßl. Zucker,
4 Eßl. Soja Sauce,
100 g lange Grüne Bohnen,
etwas Mais- oder Reisstärke,
1 Eßl. Speiseöl (z. B. Sojaöl),
1-2 Eßl. *sake* (Reiswein) oder trockener Sherry (Fino),
1-2 Eßl. *mirin* (süßer Reiswein zum Kochen,
einige Stengel frische Brunnenkresse zum Garnieren.

Pro Person ca. 280 kcal.

TIP

Ziehen Sie zum Schälen der Schwarzwurzeln am besten Gummihandschuhe an. Die rohen Wurzeln sondern einen Saft ab, der an den Händen nur schwer zu entfernende Flecke hinterläßt.

Diese farbenfrohen Fleischröllchen schmecken sowohl warm als auch kalt. Sie können darum wie die *tofu*-Frikadellen sehr gut als Teil eines Büfetts anläßlich einer Party serviert werden.

Vorbereitung:

1. Das Fleisch möglichst schon vom Fleischer schneiden lassen. Sonst kurz im Gefrierfach anfrieren lassen, dann mit der Wurstschneidemaschine oder einem Elektromesser so dünn wie möglich schneiden.

2. Die Möhren schaben und der Länge nach in 5 mm dicke Streifen, dann in 15 cm lange Stücke schneiden.

3. *Gobo* schälen oder schaben und in ebenso große Streifen wie die Möhren schneiden. Rasch in etwas mit dem Essig gemischtes Wasser legen, damit sie sich nicht braun verfärben.

4. 5 Eßl. Wasser mit 1 Eßl. Zucker und 1 Eßl. Soja Sauce in einem Topf zum Kochen bringen. Möhren, und die zuvor abgetropften *gobo*-Streifen darin 5 Minuten kochen lassen. Dann abgießen und gut abtropfen lassen.

5. Die Bohnen waschen, putzen und abfädeln. 1/8 l Wasser mit etwas Soja Sauce zum Kochen bringen und die Bohnen darin in etwa 5 Minuten knackig kochen. Abgießen, kalt abschrecken und abtropfen lassen.

6. Die Rindlfeischscheiben in 5 cm breite Streifen schneiden. Auf der Arbeitsfläche ausbreiten und die Oberfläche dünn mit Stärke überpudern.

7. Entsprechend der Anzahl der Fleischstreifen aus dem Gemüse kleine Bündelchen formen, auf das Fleisch legen und dieses wie auf Seite 47 gezeigt zu länglichen Rollen formen. Das Fleisch mit einem Zahnstocher feststecken.

8. Die Röllchen leicht mit Stärke bestäuben.

Zubereitung:

1. Das Öl in einer großen Pfanne erhitzen und die Röllchen darin rund herum braun anbraten.

2. 5 Eßl. Wasser, den restlichen Zucker, die restliche Soja Sauce, *sake* und *mirin* vermischen und zufügen. Sobald die Mischung aufkocht, die Hitze reduzieren und die Röllchen unter ständigem Rühren etwa 5 Minuten schmoren, bis sie ganz von der Sauce überzogen sind.

Servieren:

1. Die Röllchen nach Belieben abkühlen lassen.

2. Die Brunnenkresse gründlich waschen, die Wurzeln abschneiden. Kressestengel trockenschleudern.

3. Die Röllchen in etwa 5 cm breite Scheiben schneiden und auf einer Platte anrichten. Mit der Kresse garnieren.

FLEISCHGERICHTE

**Gebratenes
Schweinefleisch
mit Ingwer**

FLEISCHGERICHTE

**Gekochtes
Schweinefleisch
mit Sesamsauce**

FLEISCHGERICHTE

Gebratenes Schweinefleisch mit Ingwer

Zubereitungszeit: 15 Minuten
Zutaten:
400 g in dünne Scheiben
geschnittenes, mageres
Schweinefleisch,
3 Teel. frischer Ingwersaft
(siehe Seite 45),
1 Teel. Zucker,
1-2 Eßl. *sake* (Reiswein) oder
trockener Sherry (Fino),
3 Eßl. Soja Sauce,
200 g Weißkohl,
2 Eßl. Speiseöl.

Pro Person ca. 400 kcal.

Vorbereitung:

1. Das Schweinefleisch in etwa
5 cm große Stücke schneiden.

2. 1 Teel. Ingwersaft mit
Zucker, *sake* und Soja Sauce
vermischen und die
Fleischscheiben darin 10
Minuten unter häufigem
Wenden marinieren.

3. Den Kohl in einzelne Blätter
zerteilen, die harten Strünke aus
den Blättern entfernen. Kohl
dann in breite Streifen oder
kleine Stücke schneiden.

Zubereitung:

1. 1 Eßl. Öl in einer großen,
schweren Pfanne erhitzen, das
Schweinefleisch abtropfen

lassen und in dem Öl unter
ständigem Rühren etwa 3
Minuten braten, bis es halbgar
ist. Dann zur Seite schieben.

2. Das restliche Öl in der
Pfanne heiß werden lassen,
den Kohl zufügen und etwa
2 Minuten braten. Mit dem
Schweinefleisch, der
verbliebenen Marinade und
dem restlichen Ingwersaft
vermischen, nocheinmal kurz
aufkochen lassen und vom
Herd nehmen.

Servieren:

Auf beliebigen, jedoch
vorgewärmten Tellern
anrichten.

Gekochtes Schweinefleisch mit Sesamsauce

Zubereitungszeit: 60 Minuten
Zutaten:
550 g mageres Schweinefleisch,
1 kleine Stange Lauch,
1 kleines Stück frischer Ingwer,
4 kleine Kartoffeln,
3 junge Möhren,
125 g Grüne Bohnen.
Für die Senfsauce:
2 Eßl. Soja Sauce,
1 Teel. japanischer Senf (ohne
Essig und Gewürze),
ersatzweise ganz milder
deutscher Senf.
Für die Sesamsauce:
2 Eßl. weiße Sesamkörner,
3 Eßl. *miso* (Sojabohnenpaste)
1 Eßl. Zucker,
2 Teel. Reisessig oder leicht
verdünnter Apfelessig.

Pro Portion ca. 310 kcal

Vorbereitung:

1. Das Fleisch mit
Rouladengarn rund binden.

2. Den Lauch putzen, den
Ingwer schälen. Lauch in breite
Ringe, Ingwer in dünne
Scheiben schneiden. Beides mit
dem Fleisch in einen Topf
geben, soviel Wasser angießen,
daß das Fleisch eben bedeckt
ist. Dann bei milder Hitze
zugedeckt 40 bis 50 Minuten
köcheln lassen.

3. In der Zwischenzeit das
übrige Gemüse vorbereiten:
Kartoffeln und Möhren schälen,
Bohnen waschen und abfädeln.
Kartoffeln längs und quer
halbieren und an den
Schnittstellen etwas abrunden.
Möhren in etwa 3 cm lange
Stücke schneiden und die
Enden ebenfalls leicht
abrunden. Bohnen in 4 cm
lange Stücke schneiden.

4. Für die Senfsauce die Soja
Sauce in ein Schälchen geben,
den Senf in die Mitte füllen.

5. Die Sesamsauce wie auf
Seite 63 beschrieben bereiten.

Zubereitung:

1. Nach etwa 25 Minuten
Kochzeit die Kartoffeln, nach
weiteren 10 Minuten die
Möhren zum Fleisch geben.

2. Die Bohnen getrennt in
wenig Wasser, das eventuell
mit etwas Soja Sauce gewürzt
wurde, in etwa 5 Minuten garen.

Servieren:

1. Das Schweinefleisch aus
der Brühe heben, vom dem
Garn befreien und in etwa 5
mm dicke Scheiben schneiden.
Auf einer Platte anrichten. Mit
dem ebenfalls abgetropften
Gemüse umlegen.

2. Die Sesamsauce mit
beliebig viel Kochbrühe vom
Fleisch bis zur gewünschten
Konsistenz mischen.

3. Die Saucen getrennt zu
Tisch bringen.

GERICHTE BEI TISCH GEKOCHT

In Japan kennt man eine, für unsere Verhältnisse ganz außergewöhnliche Vielzahl von Gerichten, die direkt bei Tisch bereitet werden. Sie fördern die Geselligkeit, da sich jeder selbst bedient, und sind vor allem im Winter beliebt, wenn die Hitze der Flamme für zusätzliche Wärme sorgt. Zwei besonders typische Methoden sind *nabemono,* bei dem die Zutaten in einer würzigen Flüssigkeit gekocht und direkt aus dem Topf gegessen werden, und *teppan-yaki,* das eine Art Grillen ist. Vielfach wird dazu ein kleiner Holzkohlengrill verwendet, man kann aber auch einen elektrisch beheizten Eisengrill verwenden.

Das im Westen wohl bekannteste *nabemono*-Gericht ist *sukiyaki* (gesprochen ski-ja-ki), bei dem Rindfleisch, *tofu* und Gemüse in einer kräftigen, mit reichlich Soja Sauce gewürzten Brühe gekocht werden. Häufig wird jedoch nur kochendes Wasser oder eine leichte Brühe, wie zum Beispiel *dashi,* als Garflüssigkeit verwendet. Stets werden aber zu den gegarten Zutaten kräftige Würzsaucen oder Gewürze gereicht, die jeder nach Belieben dosiert.
Das gilt auch für gegrillte Gerichte, bei denen allerdings die Zutaten zum Teil schon vor dem Grillen in eine Würzmarinade gelegt werden, um so den Verbrauch von Öl möglichst niedrig zu halten.
Beide Garmethoden gehen von relativ niedrigen Garzeiten aus, wodurch alle Gerichte sehr gesund sind, da die natürlichen Nährstoffe fast vollständig erhalten blieben.

GERICHTE BEI TISCH GEKOCHT

Sukiyaki
(Rindfleischfondue)

GERICHTE BEI TISCH GEKOCHT

**Gekochtes Rindfleisch
mit pikanten Saucen** *(shabushabu)*

GERICHTE BEI TISCH GEKOCHT

Sukiyaki (Rindfleischfondue)

Zubereitungszeit: 20 Minuten
Zutaten:
200 g in hauchdünne Scheiben
geschnittenes Rindfleisch aus
der Lende oder dem Rumpsteak,
200 g *shirataki*
(durchscheinende Nudeln aus
speziellem Wurzelmehl),
ersatzweise 100 g japanische
Glasnudeln *harusame,*
1 Block *tofu* (Sojabohnenquark)
von ca. 300 g,
8 frische chinesische
schwarzer Pilze (ersatzweise
große Steinchampignons),
2 Stangen Lauch oder 7 bis 8
zarte Frühlingszwiebeln,
100 g Spinat,
warishita-Brühe aus:
3 Eßl. Zucker,
50 ml *sake* (Reiswein) oder
trockener Sherry (Fino),
50 ml. *mirin* (süßer Reiswein
zum Kochen), 100 ml Wasser,
100 ml Soja Sauce.
4 Eier,
50 g frischer Rindertalg.

Pro Person ca. 500 kcal

Zweifelsohne ist *sukiyaki*
neben *tempura* das im
Westen bekannteste
japanische Gericht und
repräsentiert damit eine
Küche, in der Fleisch
traditionell nur eine ganz
untergeordnete Rolle spielt.

Kochgeräte

Entweder eine gußeiserne
Pfanne oder einen feuerfesten,
flachen Topf und ein tragbares
Heizgerät (z. B. einen Rechaud),
bei dem die Hitze reguliert
werden kann. Man kann aber
auch eine elektrische
Grillpfanne (als Tischgerät)
verwenden.

Vorbereitung:

1. Das Fleisch in 7,5 cm
lange Streifen schneiden.

2. *Shirataki* oder *harusame*
in kochendes Wasser geben.
Shirataki etwa 2 Minuten,
harusame etwa 5 Minuten
kochen, dann abtropfen lassen
und *shirataki* in etwa 10 cm
lange Stücke schneiden.

3. *Tofu* in etwa 2,5 cm
große Würfel schneiden und
abtropfen lassen.

4. Pilze waschen, bzw. putzen.
Aus den chinesischen Pilzen
die Stiele herausdrehen, die
Köpfe oben über Kreuz leicht
einschneiden.
(Steinchampignons ebenso
vorbereiten, jedoch können die
herausgedrehten Stiele
mitverwendet werden).

5. Lauch oder Frühlingszwiebeln putzen, wenn nötig
waschen, dann abtropfen lassen
und den Lauch schräg in 1 cm
breite Ringe schneiden.
Frühlingszwiebeln werden auch
leicht schräg in etwa 5 cm
lange Stücke geschnitten.

6. Den geputzten,
gewaschenen Spinat von den
harten Stielteilen befreien und
die Blätter je nach Größe
halbieren oder vierteln.

7. Alle vorbereiteten Zutaten
dekorativ auf einer Platte
anrichten. Stäbchen oder eine
Gabel dazulegen.

8. Für die *warishita*-Brühe
alle Zutaten in einem Topf
vermischen und erwärmen, bis
sich der Zucker ganz aufgelöst
hat. In einem Krug auf den
Tisch stellen oder in eine
Schale mit einer kleinen
Schöpfkelle geben.

9. Pro Person 1 Ei in ein
Schälchen schlagen und vor
jedes Gedeck stellen.

10. Den Rindertalg in etwa
2,5 cm große Würfel schneiden.

Kochen und Servieren:

1. Die Pfanne auf dem Eßtisch
erhitzen, die Rindertalgwürfel
darin anbraten, bis sie halb
geschmolzen sind, dann die
Pfanne damit gleichmäßig
einfetten. Mehrere Scheiben
Rindfleisch in die Pfanne geben
und halbgar braten, dann die
Hälfte der *warishita*-Brühe
angießen und beliebig viel der
übrigen Zutaten hineingeben.
(Im allgemeinen werden die
wässrigen Zutaten, wie *tofu* und
shirataki, zuerst in die Pfanne
gegeben.) Weitere
Rindfleischscheiben zufügen.

2. Jede Person vermischt nun
sein Ei mit den Stäbchen und
bedient sich selber aus der
Pfanne. Fleisch und die übrigen
Zutaten werden dann in das Ei
getaucht, bevor sie gegessen
werden.

3. Weitere Zutaten und die
Brühe werden nach Bedarf in
die Pfanne gegeben. Dabei hat
die Brühe vor allem
geschmacksgebende Funktion.

Hinweis: Wer das Gericht
gerne etwas pikanter würzen
möchte, gibt zusätzlich die
spezielle Sukiyaki Sauce mit auf
den Tisch.

Gekochtes Rindfleisch mit pikanten Saucen *(shabushabu)*

Zubereitungszeit: 30 Minuten

Zutaten:

400 g in hauchdünne Scheiben geschnittenes Rindfleisch aus Lende, oder Rumpsteak,
200 g *shirataki* (durchscheinende Nudeln aus speziellem Wurzelmehl), ersatzweise 100 g japanische Glasnudeln *(harusame)*,
1 Block *tofu* (ca. 300 g),
2 dünne Stangen Lauch,
8 beliebige, große frische Pilze (z. B. Steinchampignons),
150 g Chinakohl,
1 Stück *konbu* (getrockneter Seetang) von ca. 10 cm Breite.

Für die Sesam-Sauce:
4 Eßl. Sesamkörner,
1 Eßl. *miso* (Sojabohnenpaste),
1 Eßl. Zucker,
2 Eßl. *mirin* (süßer Reiswein zum Kochen),
2 Eßl. Reisessig oder leicht verdünnter Apfelessig,
1 Eßl. *sake* (Reiswein) oder trockener Sherry (Fino),
4 Eßl. Soja Sauce,
1 Teel. japanischer Senf (ohne Essig und Gewürze, ersatzweise 1 Teel. Senfpulver.

Für die *ponzu*-Sauce:
100 ml Zitronensaft
50 ml Soja Sauce,
50 ml Wasser.
100 g langer weißer Rettich,
2 dünne Frühlingszwiebeln.

Pro Person ca. 405 kcal

Dieses Gericht entspricht in etwa dem, das bei uns als „Chinesisches Fondue" bekannt ist. Allerdings handelt es sich hier um eine dezentere Variante. Wem die konbu-Brühe zu zart im Aroma ist, kann sie durch eine leichte, entfettete Hühnerbrühe oder Kalbfleischbouillon ersetzen.

Kochgeräte

Am besten geeignet ist ein Rechaud mit einem Fonduetopf aus Metall. Wer einen „Mongolischen Feuertopf" besitzt, kann auch den verwenden.

Vorbereitung:

1. Die Rindfleischscheiben nur wenn sie sehr breit sind, der Länge nach einmal halbieren.

2. *Shirataki* oder *harusame* wie in „Sukiyaki" beschrieben vorbereiten.

3. *Tofu* in 2,5 cm große Würfel schneiden und abtropfen lassen.

4. Den Lauch putzen, wenn nötig waschen, abtropfen lassen und schräg in etwa 1 cm breite Scheiben schneiden.

5. Pilze putzen, die Stengel herausbrechen und die Köpfe oben diagonal zweimal einschneiden.

6. Chinakohlblätter waschen, abtropfen lassen und in etwa 5 cm große Stücke schneiden.

7. *Konbu* mit einem feuchten Küchentuch abtupfen, und in 4 Streifen schneiden.

8. Alle Zutaten dekorativ auf einer Platte anrichten, dabei darauf achten, daß Farben und Formen miteinander harmonieren. Mit einer Gabel oder Servierstäbchen auf den Tisch stellen.

9. Die Sesamsauce wie auf Seite 63 beschrieben bereiten. Für die *ponzu*-Sauce alle Zutaten vermischen. Beide Saucen in getrennten Schälchen auf den Tisch stellen.

10. Den Rettich schälen und nicht zu fein reiben. Die Frühlingszwiebeln putzen, dann schräg in hauchdünne Streifen schneiden. Ebenfalls getrennt anrichten.

Kochen und Servieren

1. *Konbu* in gut 1 l heißes Wasser legen und auf dem Rechaud eben aufkochen lassen. *Konbu* dann entfernen.

2. Jede Person bereite sich ihre Saucen selber zu, indem die Sesamsauce mit Frühlingszwiebeln und die *ponzu*-Sauce mit Zwiebeln und/oder Rettich gemischt wird.

3. Die Gemüsezutaten in einer, ihren Garzeiten entsprechenden Reihenfolge in die kochende Brühe geben, jedoch nicht alles aufeinmal.

4. Die Fleischscheiben einzeln mit einer Fonduegabel oder Eßstäbchen in die kochende Brühe halten, leicht hin und her bewegen, bis sie halb gar sind. Dann in die Saucen tauchen und essen. Die übrigen Zutaten nach Wahl nehmen.

5. Die Brühe während des Essens hin und wieder mit einem Schaumlöffel abschöpfen. Entnommene Zutaten immer gleich wieder ersetzen, damit ohne Unterbrechung gegessen werden kann.

GERICHTE BEI TISCH GEKOCHT

**Huhn und
Gemüse im Tontopf**

GERICHTE BEI TISCH GEKOCHT

**Fleisch, Meerestiere
und Gemüse im Tontopf**

GERICHTE BEI TISCH GEKOCHT

Huhn und Gemüse im Tontopf

Zubereitungszeit: 50 Minuten

Zutaten:

800 - 900 g entbeintes und gehäutetes Hühnerfleisch,

1 Stück *konbu* (getrockneter Seetang) von ca. 10 cm Breite,

2 Eßl. Reis,

1 ½ l Wasser,

1/2 Teel. Zucker,

2 - 3 Eßl. *sake* (Reiswein) oder trockener Sherry,

2 - 3 Eßl. Soja Sauce,

4 große Blätter Chinakohl,

100 g Möhren,

8 frische chinesische schwarze Pilze (ersatzweise große Steinchampignons),

1 Block *tofu* (Sojabohnenquark) von ca. 300 g,

200 g *shirataki* (durchscheinende Nudeln aus speziellem Wurzelmehl), ersatzweise 100 g japanische Glasnudeln *(harusame)*,

2 Stangen Lauch.

Für die *ponzu*-Sauce:

50 ml Zitronensaft,

50 ml Soja Sauce,

50 ml Wasser.

100 g langer weißer Rettich,

etwas Cayennepfeffer oder rote Pfeffersauce,

1/2 zarte Frühlingszwiebel,

1 unbehandelte Zitrone oder Limette, nach Belieben *shichimi togarashi* oder *sansho*-Puder (siehe Glossar).

Pro Person ca. 485 kcal

Kochgeräte

Brühe, Huhn, *konbu* und den in einen Beutel gefüllten Reis in der Küche auf dem Herd vorkochen, dann in einen Fonduetopf aus Steingut füllen und mit dem Rechaud zu Tisch bringen.

Vorbereitung:

1. Das Hühnerfleisch in etwa 4 cm große Würfel schneiden. In einen großen Durchschlag geben und mit kochendem Wasser überbrühen. Gut abtropfen lassen.

2. *Konbu* mit einem feuchten Tuch abtupfen um eventuellen Sand zu entfernen, dann mit der Küchenschere in 4 Streifen schneiden. Den ungewaschenen Reis in ein kleines Stück Mulltuch einbinden.

3. Wasser, Zucker, *sake* und Soja Sauce in einen Topf geben, Hühnerfleisch, *konbu* und den Beutel mit dem Reis zufügen. Bei starker Hitze zum Kochen bringen, *konbu* entfernen und die Brühe bei milder Hitze 30 Minuten köcheln lassen.

4. Den gewaschenen Kohl abtropfen lassen und in 5 cm große Vierecke schneiden. Die geschälten Möhren in etwa 1 cm dicke Scheiben schneiden und nach Belieben noch in Blütenform schneiden. Die Pilze putzen oder waschen, dann aus den schwarzen chinesischen Pilzen die Stiele herausdrehen. Die Köpfe durch zwei diagonale Schnitte garnieren. *Tofu* in 2,5 cm große Würfel schneiden und abtropfen lassen. *Shirataki* oder *harusame* wie bei „Sukiyaki" beschrieben vorbereiten. Den geputzten Lauch diagonal in 1 cm dicke Ringe schneiden.

5. Alle Zutaten dekorativ auf einer Platte anrichten. Mit Serviergabel oder -stäbchen auf den Tisch stellen.

6. Für die *ponzu*-Sauce alle Zutaten miteinander vermischen und in vier Schälchen oder eine kleine Glaskaraffe geben.

7. Den Rettich schälen, raspeln und nach Belieben mit Cayennepfeffer bestäuben oder mit einigen Tropfen roter Pfeffersauce beträufeln. In einem gesonderten Schälchen anrichten.

8. Die geputzte, in dünne Ringe geschnittene Frühlingszwiebel und die in Viertel geteilte Zitrone oder Limette ebenfalls getrennt anrichten. *Shichimi togarashi* oder *sansho*-Puder in den handelsüblichen Streudöschen auf den Tisch stellen.

Kochen und Servieren:

1. Den Reis aus der Brühe nehmen, wegwerfen und die Brühe in den Tontopf füllen. Auf den Rechaud stellen.

2. Gemüse in der ihren Garzeiten entsprechenden Reihenfolge in die kochende Brühe geben, jedoch zwar von jeder Sorte etwas, aber nicht die gesamte Menge aufeinmal.

3. Jede Person bedient sich selber aus dem Topf und würzt seine Portion nach Belieben.

Anmerkung:

Wenn alle Gemüse und das Fleisch aus dem Topf gegessen ist, kann man vorgekochte *udon* (Japanische Weizennudeln) oder gekochten Reis in die Brühe geben. Mit etwas Soja Sauce würzen und zum Abschluß genießen.

Fleisch, Meerestiere und Gemüse im Tontopf

Zubereitungszeit: 30 Miuten

Zutaten:

4 ungeöffnete Jakobsmuscheln
oder 8 ungeöffnete Austern,

4 ungeöffnete Venusmuscheln,

200 g Hähnchenbrustfilet mit
Haut,

200 g mageres Schweinefleisch,
in dünne Scheiben geschnitten,

200 g beliebiges Seefisch-Filet,

8 große Shrimps,

1 Block *tofu* (Sojabohnenquark)
von ca. 300 g,

8 frische chinesische schwarze
Pilze (ersatzweise große
Steinchampignons),

200 g *shirataki*
(durchscheinende Nudeln aus
speziellem Wurzelmehl),
ersatzweise 100 g japanische
Glasnudeln *(harusame),*

100 g Möhren,

4 große Blätter Chinakohl,

2 zarte Stangen Lauch.

Für die *ponzu*-Sauce:

100 ml frisch gepreßter
Zitronensaft,

100 ml Wasser.

Für die Brühe:

1 l *dashi* (Blaufischbrühe),
Rezept Seite 14,

1–3 Eßl. Soja Sauce,

2–3 Eßl. *mirin* (süßer Reiswein
zum Kochen),

2–3 Eßl. *sake* (Reiswein),
ersatzweise trockener Sherry
(Fino).

Pro Person ca. 485 kcal

Dieses Gericht ist deshalb so interessant, weil sich hier in einem Topf zwei gegensätzliche Geschmacksrichtungen — Fisch und Fleisch — verbinden und eine vollendete Harmonie darstellen, die durch die Gemüse noch unterstrichen wird.

Kochgeräte

Ein Fonduetopf aus Steingut und ein Rechaud, bei dem die Hitze reguliert werden kann.

Vorbereitung:

1. Die ungeöffneten Muscheln für mindestens 1 Stunde in starkes Salzwasser legen, damit sie den Sand abstoßen.

2. Fleisch und Fisch in etwa 4 cm große Würfel schneiden.

3. Die Shrimps schälen, dabei aber das Schwanzende dranlassen. Den schwarzen Darmfaden entfernen, indem man mit einem Zahnstocher etwa in der Mitte darunterfährt und den Faden dann im Ganzen vorsichtig abhebt.

4. *Tofu* in etwa 2,5 cm Würfel schneiden und abtropfen lassen.

5. Pilze putzen oder waschen. Aus den chinesischen schwarzen Pilzen die Stengel herausschneiden. Die Köpfe diagonal als Garnierung einschneiden.

6. *Shirataki* oder *harusame* wie bei „Sukiyaki" beschrieben vorbereiten.

7. Möhren schälen oder schaben und in 5 mm dicke Scheiben schneiden.

8. Den gewaschenen Kohl in etwa 5 cm große Vierecke, den geputzten Lauch schräg in etwa 1 cm dicke Scheiben schneiden.

9. Für die *ponzu*-Sauce Zitronensaft und Wasser mischen und in 4 Schälchen anrichten.

10. Für die Brühe *dashi*, Soja Sauce, *mirin, sake* oder Sherry in einem Topf mischen und zum Kochen bringen.

11. Die Muscheln in ein Sieb geben, gründlich abspülen und abtropfen lassen.

Kochen und Servieren:

1. In der Küche die jeweils gleichen Mengen aller Zutaten in den Serviertopf schichten, bis er fast voll ist. Die noch verbleibenden Zutaten dekorativ auf einem Servierteller anrichten.

2. Die kochende Brühe in den Serviertopf gießen, bis sie eben über den Zutaten steht, dann auf dem Herd kurz aufkochen lassen, mit mit dem Rechaud zu Tisch bringen.

3. Die gegarten Zutaten werden von jeder Person in beliebigen Portionen aus der Brühe genommen und in die Sauce getunkt.

4. Entnommene Zutaten stets wieder nachfüllen, damit immer eine gleichbleibende Menge im Topf ist. Wenn die Brühe zu stark einkocht, kann mit der restlichen Brühe aus dem Kochtopf aufgefüllt werden.

Hinweis: Die *ponzu*-Sauce kann wie im nebenstehenden Gericht beschrieben mit geraspeltem Rettich oder feingeschnittener Frühlingszwiebel ergänzt werden.

GERICHTE BEI TISCH GEGART

**Fleisch, Meerestiere
und Gemüse auf dem Grill**

1 Verschiedene Gewürze und geschmackgebende Zutaten erfreuen nicht nur den Gaumen, sondern auch das Auge. Auf dem Foto befinden sich Senf, geriebener weißer Rettich, dünne Ringe von Frühlingszwiebeln, Zitronenspalten und *shichimi togarashi*.

2 Zubereitung von Sesamsauce
Die noch heißen, duftenden Sesamkörner mit einem Stößel zermahlen, bis das Öl ausgetreten ist.

3 Den gemahlenen Sesam mit Zucker und *miso* vermischen, dann erst die übrigen Gewürze untermischen.

GERICHTE BEI TISCH GEKOCHT

Fleisch, Meerestiere und Gemüse auf dem Grill

Zubereitungszeit: 30 Minuten

Zutaten:

550 g beliebiges mageres
Fleisch, mindestens 2 bis 3
verschiedene Sorten,
8 große Shrimps,
4 ungeöffnete Venusmuscheln,
2 Stangen Lauch,
2 mittelgroße Zwiebeln,
100 g Möhren,
8 frische chinesische schwarze
Pilze,
2 kleine Kartoffeln,
4 kleine grüne Paprikaschoten,
2 kleine, längliche Auberginen
von je ca. 80-100 g,
2 Maiskolben aus der Dose.
Für die Sesamsauce:
4 Eßl. Sesamkörner,
1 Eßl. *miso* (Sojabohnenpaste),
1 Eßl. Zucker,
2 Eßl. Reisessig,
2 Eßl. *sake* (Reiswein) oder
trockener Sherry (Fino),
4-5 Eßl. Soja Sauce,
1 Teel. japanischer Senf ohne
Essig und Gewürze,
ersatzweise 1 Teel. Senfpulver.
Für die *ponzu*-Sauce:
100 ml Zitronensaft,
50 ml Soja Sauce,
50 ml Wasser.
Außerdem:
10 cm langer weißer Rettich,
1/2 zarte Frühlingszwiebel,
1 unbehandelte Zitrone oder
Limette,
shichimi togarashi (siehe
Glossar),
Senf,
2-3 Eßl. Speiseöl

Pro Person ca. 650 kcal

Kochgeräte:

Elektrischer Tischgrill mit
einer gußeisernen Platte.

Vorbereitung:

1. Das Fleisch nach Belieben
in dünne Scheiben oder in etwa
2 cm große Würfel schneiden.

2. Die Schrimps schälen,
dabei aber den Schwanz
dranlassen. Mit einem
Zahnstocher unter den
Darmfaden fahren und ihn dann
vorsichtig im Ganzen abheben.

3. Venusmuscheln, die
vorher mindestens 1 Stunde in
Salzwasser gelegen haben,
damit sie ihren Sand abstoßen,
unter fließendem Wasser
abspülen.

TiP

Wenn
kein elektrischer
Tischgrill vorhanden ist, kann
man auch einen Rechaud mit
regulierbarer Flamme und
eine Pfanne verwenden.
Allerdings können dann nicht
so viele Zutaten gleichzeitig
gegart werden.

4. Gemüse vorbereiten:
Lauch putzen. Nur die hellen
Teile in etwa 5 cm lange Stücke
schneiden. Jedes Stück mit
einem Holzstäbchen fixieren,
damit der Lauch beim Grillen
nicht in Ringe zerfällt. Die
Zwiebeln schälen und quer
halbieren. Die Möhren schaben
und in dicke Scheiben
schneiden. Die Pilze putzen
oder waschen. Dann die Stiele
herausdrehen.

5. Die Kartoffeln schälen
und schräg in dünne Scheiben
schneiden, die Praprikaschoten
längs vierteln, von Samensträngen und Stengelansätzen

befreien. Die gewaschenen
Auberginen in dünne Scheiben
schneiden, dabei die
Stengelansätze entfernen. Die
Auberginenscheiben 5 Minuten
in kräftigem Salzwasser
einweichen, damit sie sich nicht
verfärben, dann auf einem Sieb
abtropfen lassen.
Die abgetropften Maiskolben in
etwa 4 cm dicke Scheiben
schneiden.

6. Alle Zutaten dekorativ
auf einer Platte anrichten, mit
Serviergabel oder -stäbchen auf
den Tisch stellen.

7. Die Sesamsauce aus
Sesamkörnern, *miso*, Zucker,
Reis- oder Apfelessig, *sake,*
Soja Sauce und Senf wie auf
der Vorseite beschrieben
zubereiten und in vier
Schälchen verteilen.

8. Aus Zitronensaft, Soja Sauce
und Wasser die *ponzu*-Sauce
bereiten und ebenfalls in vier
Schälchen geben.

9. Den Rettich schälen,
grob raffeln und in ein
Extraschälchen füllen.

10. Die geputzte Frühlingszwiebel in feine Ringe schneiden
und ebenso wie die geviertelte
Zitrone oder Limette, beliebig
viel *shichimi togarashi* und Senf
in getrennten Schälchen auf
den Tisch bringen.

Kochen und Servieren

1. Den Grill auf dem Tisch
erhitzen. Etwas Öl hineingeben
und von allen Zutaten eine
Portion hinein geben.

2. Jede Person mischt sich
seine Saucen nach Belieben mit
Rettich, Frühlingszwiebeln,
Zitronen- oder Limettensaft und
den Gewürzen, tunkt die
gegrillten Speisen hinein und
verzehrt sie.

3. Während gegessen wird,
weitere Zutaten grillen.

GEMÜSEGERICHTE

Gemüse ist für die Japaner nicht nur im ernährungsphysiologischen Sinn sehr wichtig, sondern auch aus optischen Gründen. Liebevoll in verschiedene dekorative Formen geschnittene Gemüsestückchen unterstreichen die Schönheit der Gerichte und deuten den Verlauf der Jahreszeiten an.

Vielfach werden die gleichen Gemüse verwendet, wie sie auch in unserer Küche üblich sind: Grüne Bohnen, Erbsen, Zuckerschoten, Kohl, Möhren, Rüben, Spargel, Spinat und Gurken — um nur einige zu nennen. Uns hingegen etwas fremd sind Lotoswurzel, Sojabohnensprossen, Bambussprossen, süße Kartoffeln *(taro)* und auch der Gebrauch von frischer Ingwerknolle und Rettich als eine Art von Würzgemüse.

Für unsere Gaumen anfangs ganz ungewohnt ist die häufige Verwendung von Seetang, der in etwa sechs verschiedenen Sorten in den unterschiedlichsten Zubereitungen vielen Gerichten Geschmack gibt und die optischen Reize vertieft, bzw. auch symbolische Bedeutung hat.

Der sehr große Konsum von Gemüsen aller Art ist auch einer der Gründe, warum japanische Kost als ungemein gesund und kalorienarm bezeichnet werden kann. Die angewendeten Garmethoden sind so schonend wie möglich, um sowohl den Geschmack, als auch die Nährstoffe im höchsten Maße zu erhalten.

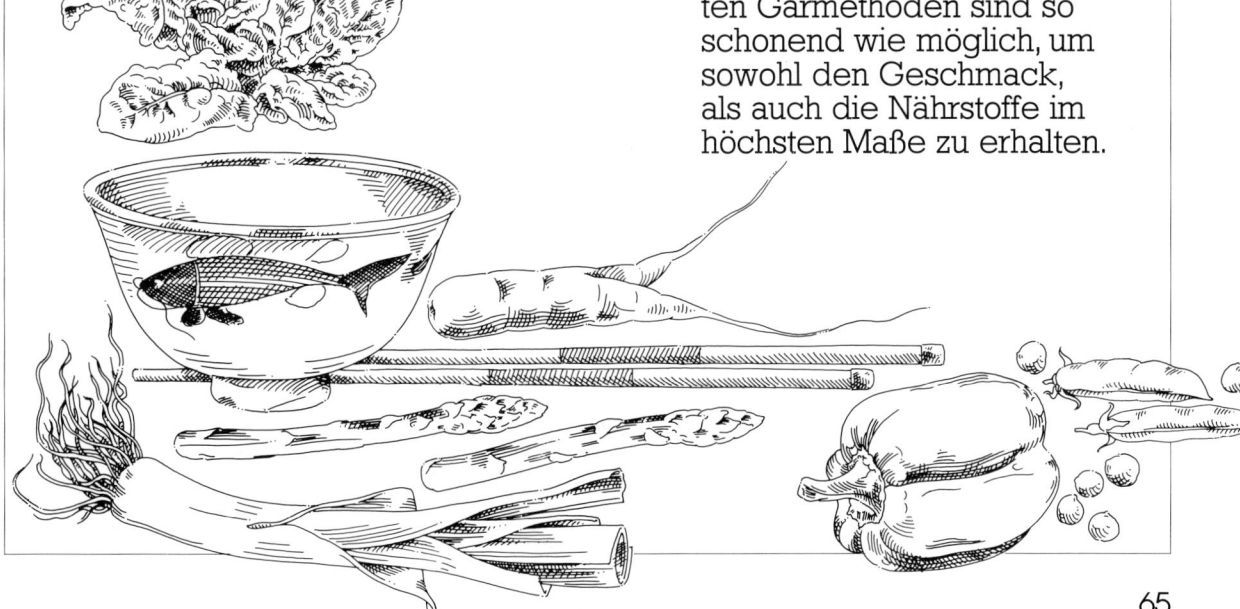

GEMÜSEGERICHTE

Sojabohnensprossen-Salat mit Soja-Saucen-Dressing   **Sojabohnensprossen-Salat mit Essigsauce**   **Eingelegte Gemüse**

GEMÜSEGERICHTE

Salat aus gekochtem Spinat mit Sesamsauce

Salat aus grünem Spargel und Huhn mit Senf-Dressing

Salat aus weißem Rettich und Möhren in Vinaigrette

GEMÜSEGERICHTE

Sojabohnensprossen-Salat mit Soja-Saucen-Dressing

Zubereitung: 20 Minuten

Zutaten:

200 g Sojabohnensprossen,
100 g Möhren,
2-3 kleine grüne
Paprikaschoten.

Für das Dressing:

1 Eßl. Speiseöl,
1 Eßl. Sesamöl,
3-4 Eßl. Soja Sauce,
2 Eßl. Reisessig oder leicht
verdünnter Apfelessig.
1 kräftige Prise Salz.

Pro Person ca. 95 kcal

Vorbereitung und Zubereitung:

1. Sojabohnensprossen unter fließendem kalten Wasser waschen und abtropfen lassen.

2. Die geschälten Möhren und die geviertelten, von Samensträngen und Stengelansätzen befreiten Paprikaschoten in hauchdünne Streifen schneiden.

3. Für das Dressing alle Zutaten gründlich vermischen.

4. Gut 1/2 l Wasser zum Kochen bringen, kräftig salzen und die Möhren hineingeben. Nach 1 Minute Sojabohnensprossen und Paprikastreifen zufügen und das Wasser noch einmal sprudelnd aufkochen lassen.

5. Das Gemüse in ein Sieb schütten, kalt abschrecken und sehr gut abtropfen lassen. Dabei vorsichtig ausdrücken.

Servieren

Unmittelbar vor dem Auftragen die Salatzutaten mit dem Dressing vermischen und in kleine Schalen verteilen.

Sojabohnensprossen-Salat mit Essigsauce

Zubereitungszeit: 20 Minuten

Zutaten:

200 g Sojabohnensprossen,
80 g dünne Salatgurke,
50 g gekochter Schinken,
1 Stück frischer Ingwer,
1 Teel. Zucker,
3 Eßl. Reisessig,
2 Eßl. Soja Sauce,
1 Eßl. Sesamkörner.

Pro Person ca. 50 kcal

Vorbereitung und Zubereitung

1. Sojabohnensprossen unter fließendem Wasser waschen, nach Belieben kurz blanchieren, dann gut abtropfen lassen.

2. Die Salatgurke unter fließendem Wasser abbürsten, längs in dünne Scheiben, dann in Streifen schneiden.

3. Die Schinkenscheiben ebenfalls in dünne Streifen schneiden. Den Ingwer schälen und sehr fein hacken.

4. Für die Sauce alle Zutaten solange verrühren, bis sich der Zucker ganz aufgelöst hat.

5. Die Sesamkörner in einer Pfanne bei nicht zu starker Hitze goldbraun rösten.

Servieren:

Alle Salatzutaten außer den Sesamkörnchen mit der Sauce vermischen und in Servierschälchen füllen. Mit Sesamsamen bestreuen.

Eingelegte Gemüse

Zubereitungszeit: 10 Minuten
+ 12 Stunden zum Marinieren.

Zutaten:

150 g Chinakohlblätter,
150 g Salatgurke,
1 Stange Bleichsellerie,
80 g Möhre, 1 kleine Zwiebel,
1 kleines Stück frischer Ingwer,
100 ml Reisessig,
1-2 Eßl. *sake* (Reiswein) oder
trockener Sherry (Fino),
1-2 Eßl. *mirin* (süßer Reiswein
zum Kochen),
3-4 Eßl. Soja Sauce.

Pro Person ca. 65 kcal

Vorbereitung und Zubereitung:

1. Kohlblätter in etwa 2,5 cm große Stücke schneiden, dabei die Strünke entfernen.

2. Die abgespülte Salatgurke in Steifen, dann in mundgerechte Stücke schneiden. Ebenso den geputzten Sellerie. Die geschälte Möhre in dünne Streifen schneiden.

3. Die Zwiebel und den Ingwer schälen. Zwiebel in dünne Ringe, Ingwer in feine Streifen schneiden. Zusammen mit den übrigen Gemüsen in eine Schüssel legen.

4. Die übrigen Zutaten mit 50 ml Wasser als Marinade vermischen, über das Gemüse gießen und darauf einen flachen Teller legen. Mit einem Gewicht oder einer Konservendose beschweren und das Gemüse mindestens 12 Stunden marinieren.

Servieren: Gemüse abtropfen lassen und in kleinen Schälchen auftragen.

Salat aus gekochtem Spinat mit Sesamsauce

Zubereitungszeit: 10 Minuten
Zutaten:
300 g Blattspinat,
1 kräftige Prise Salz,
2 gehäufte Eßl. Sesamkörner,
1/2 Teel. Zucker,
2 Eßl. Soja Sauce,
2 Eßl. *dashi* (Blaufischbrühe,
Rezept Seite 14) oder Wasser.

Pro Person ca. 55 kcal

Vorbereitung und Zubereitung:

1. Den Spinat verlesen und die harten Stielteile entfernen. Reichlich Wasser mit Salz sprudelnd aufkochen und den Spinat 1 Minute blanchieren. In ein Sieb schütten, kalt abschrecken und abtropfen lassen.

2. Für die Sesamsauce die Körner wie auf Seite 63 beschrieben rösten. 1 Teel. zur Garnierung abnehmen und die übrigen zu einer Paste zermahlen.

3. Die Sesampaste mit den übrigen Zutaten vermischen und rühren, bis sich der Zucker ganz aufgelöst hat.

Servieren:

Unmittelbar vor dem Auftragen Spinat und Sauce vermischen. Den Salat in Schälchen verteilen und mit den gerösteten Sesamkörnern bestreuen.

Salat aus grünem Spargel und Huhn mit Senf-Dressing

Zubereitungszeit: 20 Minuten
Zutaten:
100 g Hühnerbrustfilet ohne Haut, 2 Teel. Soja Sauce,
1 Teel. *sake* (Reiswein) oder trockener Sherry (Fino),
150 g grüner Spargel,
1 Stück Zitronenschale,
Für das Dressing:
3 Eßl. Soja Sauce,
1 - 2 Eßl. *sake* (Reiswein),
1/2 Teel. Senfpulver.

Pro Person ca. 45 kcal

Vorbereitung und Zubereitung

1. Das Hühnerbrustfilet vorsichtig flach klopfen, mit 1 Teel. Soja Sauce und *sake* beträufeln und 10 Minuten marinieren. Etwa 1/10 l Wasser zum Kochen bringen und das Hühnerfleisch darin in etwa 3 Minuten garen.

2. Den Spargel schälen, in etwa 2,5 cm lange Stücke schneiden und in wenig Wasser, das mit 1 Teel. Soja Sauce gewürzt wurde, in etwa 5 Minuten knackig kochen. Abgießen und abkühlen lassen.

3. Die Zitronenschale in feine Streifen schneiden.

4. Alle Zutaten für das Dressing mit 1 Eßl. Hühnerbrühe vermischen.

5. Das Hühnerfleisch in feine Streifen schneiden. Mit Spargelstücken und dem Dressing vermischen.

Servieren:

Den Salat in Schälchen füllen und mit der Zitronenschale bestreuen.

Salat aus weißem Rettich und Möhren mit Vinaigrette

Zubereitungszeit: 15 Minuten + 1 Stunde zum Marinieren.
Zutaten:
200 g langer weißer Rettich,
75 g Möhren, 1/2 Teel. Salz,
1 Stück Zitronenschale von ca. 4 cm Länge,
100 ml Reisessig,
2 Teel. Zucker, 3 Eßl. Soja Sauce,
1 Eßl. Zitronensaft.

Pro Person ca. 40 kcal

Vorbereitung und Zubereitung

1. Rettich und Möhren schälen, in 5 cm lange Stücke und diese in streichholzstarke Stifte schneiden. Mit Salz vermischen und 5 Minuten stehen lassen.

2. In der Zwischenzeit die Zitronenschale in hauchdünne Streifchen schneiden.

3. Essig, Zucker, Soja Sauce und Zitronensaft verrühren, bis sich der Zucker aufgelöst hat.

4. Rettich und Möhren in ein Sieb geben, kurz mit kaltem Wasser abspülen und abtropfen lassen. Mit den Händen leicht ausdrücken. Dann mit Zitronenschale und Vinaigrette vermischen und 1 Stunde marinieren. Dabei hin und wieder durchrühren.

Servieren:

Den Salat leicht abtropfen lassen und in einer tiefen Schale zu Tisch bringen.

GEMÜSEGERICHTE

**Aromatisches
Kürbisgericht**

**Gemischtes
Gemüse mit Huhn**

GEMÜSEGERICHTE

**Sojabohnen-Eintopf
mit Hähnchenflügeln**

GEMÜSEGERICHTE

Aromatisches Kürbisgericht

Zubereitungszeit: 20 Minuten
Zutaten:
500 g *kabocha* (japanische
Kürbissorte), ersatzweise
Eierkürbis oder große
Zucchini,
300 ml *dashi* (Blaufischbrühe,
Rezept Seite 14) oder
selbstgekochte, entfettete
Hühnerbrühe,
2 Eßl. Zucker,
1-2 Eßl. *mirin* (süßer Reiswein)
zum Kochen,
2-3 Eßl. Soja Sauce.

Pro Person ca. 125 kcal

Vorbereitung und Zubereitung:

1. Kürbis gründlich unter fließendem Wasser abbürsten. Halbieren und die Kerne herausschaben. Den Kürbis in etwa 5 cm große Quadrate schneiden. Die Schale an einigen Stellen abschneiden, damit die Oberfläche ein gesprenkeltes Aussehen bekommt.

2. Die Kürbisstücke mit der Schalenseite nach unten in einen Topf geben. *Dashi* oder Hühnerbrühe, Zucker und *mirin* zufügen. Den Kürbis zugedeckt 7 bis 8 Minuten bei mittlerer Hitze kochen lassen. Nach 4 Minuten einmal wenden.

3. Die Soja Sauce zufügen und den Kürbis noch weitere 6 bis 7 Minuten kochen, bis er gar ist, dabei nochmals wenden.

Servieren:
Der Kürbis kann sofort nach der Zubereitung warm gegessen werden, er schmeckt jedoch auch kalt.

Variation:
Wenn Sie das Gericht etwas üppiger zubereiten wollten, braten Sie 200 g Schweinehackfleisch in wenig Speiseöl an, fügen dann den Kürbis und die Flüssigkeit zu und garen den Kürbis wie beschrieben. Dann jedoch mit etwas mehr Soja Sauce würzen und warm servieren.

Gemischtes Gemüse mit Huhn

Zubereitungszeit: 1 Stunde
Zutaten:
4 getrocknete schwarze
chinesische Pilze *(shiitake),*
150 g Möhren,
150 g Schwarzwurzeln,
100 g frische Lotoswurzel oder
Lotuswuzel aus der Dose,
1 Eßl. Essig,
300 g entbeintes Hühnerfleisch
mit Haut,
50 g Zuckerschoten,
1 kräftige Prise Salz,
2 Eßl. Speiseöl,
1 Eßl. Zucker,
3-4 Eßl. Soja Sauce,
2 Eßl. *mirin* (süßer Reiswein
zum Kochen).

Pro Person ca. 275 kcal

Vorbereitung:

1. Pilze 20 Minuten in lauwarmem Wasser einweichen.

2. Möhren schälen, dann in etwa 2 cm große Stücke und diese leicht kugelförmig schneiden.

3. Schwarzwurzeln und frische Lotoswurzel schälen. Schwarzwurzeln ebenso wie die Möhren zuschneiden, die Lotoswurzel in etwa 5 mm dicke Scheiben schneiden. Beides in mit Essig vermischtes Wasser legen, um ein Verfärben zu verhindern.

4. Hühnerfleisch abspülen, trockentupfen und in etwa 2,5 cm große Stücke schneiden.

5. Abgefädelte Zuckerschoten in wenig kochendem Salzwasser 2 Minuten blanchieren, abgießen, kalt abschrecken und abtropfen lassen.

6. Pilze aus dem Einweichwasser nehmen, die Stiele herausdrehen. Das Einweichwasser mit Wasser auf gut 1/2 l Flüssigkeit auffüllen.

Zubereitung:

1. 1 Eßl. Öl erhitzen. Das Hühnerfleisch darin anbraten, bis es von allen Seiten Farbe genommen hat, zur Seite schieben und das restliche Öl erhitzen. Alle Gemüse, bis auf die Zuckerschoten, zufügen und unter Rühren etwa 1 Minute anbraten.

2. Die Flüssigkeit und den Zucker zufügen und alles bei mittlerer Hitze zugedeckt 5 Minuten kochen lassen. Dann Soja Sauce und *mirin* in den Topf geben. Das Gericht im offenen Topf noch etwa 20 Minuten garen, bis das Gemüse weich und zart und die Flüssigkeit etwa um die Hälfte eingekocht ist.

Servieren:
Das Gericht wird mit den Zuckerschoten bestreut, heiß oder bei Zimmertemperatur serviert.

Sojabohnen Eintopf mit Hähnchenflügeln

Zubereitungszeit: 1 ½ Stunden + Einweichzeit für die Sojabohnen.
Zutaten:
300 g getrocknete Sojabohnen,
500 g Hähnchenflügel,
6 Eßl. Soja Sauce,
3-4 Eßl. *sake* (Reiswein) oder trockener Sherry (Fino),
1/2 Stange Lauch,
1 kleines Stück frischer Ingwer (ca. 1 cm dick),
1 Eßl. Speiseöl,
1 Eßl. Zucker.

Pro Person ca. 585 kcal

Dieses Gericht stammt aus der ländlichen Küche Japans, ist also sehr sättigend, aber durch die Sojabohnen auch besonders reich an pflanzlichem Eiweiß und ungesättigten Fettsäuren.

Vorbereitung:

1. Die Sojabohnen waschen und mit gut 1 l Wasser bedeckt über Nacht quellen lassen.

2. Am nächsten Tag die Hähnchenflügel abspülen, trockentupfen und mit je 1 Eßl. Soja Sauce und *sake* beträufeln.

3. Den Lauch putzen, den Ingwer schälen. Lauch in etwa 2,5 cm lange Stücke, Ingwer in hauchdünne Scheiben schneiden.

Zubereitung:

1. Die Bohnen mit ihrem Einweichwasser bei starker Hitze zum Kochen bringen. Etwa 1/8 l kaltes Wasser zufügen, erneut aufkochen und diesen Vorgang noch zweimal wiederholen. Auf diese Weise werden die Bohnen leichter weich. Anschließend die Hitze etwas reduzieren und die Bohnen solange weiterkochen, bis sie fast weich sind. Das dauert etwa noch 1 Stunde. Die Bohnen sollten ständig mit Flüssigkeit eben bedeckt sein, eventuell etwas kochendes, kein kaltes Wasser zufügen.

2. In einem zweiten Topf das Öl erhitzen und die Ingwerscheiben darin kurz anbraten. Die Hähnchenflügel zufügen und rundherum solange braten, bis sie leicht gebräunt sind. Dann erst die Lauchstücke zufügen und glasig werden lassen.

3. Sobald die Sojabohnen fast weich sind, werden sie zu den Hähnchenflügeln gegeben. Das Gericht mit Zucker würzen und 5 Minuten kochen lassen. Dann mit dem restlichen *sake* und Soja Sauce abschmecken und bei milder Hitze zugedeckt noch etwa 20 Minuten schmoren lassen, bis die Bohnen und das Fleisch ganz weich sind.

Servieren:

Üblicherweise werden Sojabohnen in Japan lauwarm gegessen. Die Hähnchen-schenkel geben aber beim Kochen Gelatine ab, die während des Abkühlens zu erstarren beginnt. Darum sollte man dieses Gericht immer heiß servieren.

TIP

Für den Westen ist die Sojabohne im allgemeinen nur ein schlichtes Gemüse, für Japan aber stellt sie die Grundlage der Kochkunst schlechthin dar. Weniger als Gemüsegericht, sondern als Grundprodukt für die Würzpaste *miso,* und für die Soja Sauce, ohne die kaum ein Gericht denkbar ist.
Soja Sauce, korrekt *shoyu,* besteht nicht nur aus Sojabohnen, sondern auch aus Weizen und Salzwasser. Hinzu kommen noch verschiedene Aromastoffe, die jeder Soja Sauce ihren speziellen Charakter geben.

GEMÜSEGERICHTE

**Auberginen
und Paprika mit** *miso*

74

GEMÜSEGERICHTE

Süße Kartoffeln mit Zitrone

GEMÜSEGERICHTE

Auberginen und Paprika mit *miso*

Zubereitungszeit: 20 Minuten

Zutaten:

400 g möglichst dünne
Auberginen, Salz,
3 kleine grüne Paprikaschoten,
1 Stück frischer Ingwer,
1 Teel. Zucker,
2 Eßl. Soja Sauce,
1 Eßl. *miso* (Sojabohnenpaste),
3 Eßl. Speiseöl,
100 g Schweinehackfleisch,
2 Teel. Mais- oder Reisstärke.

Pro Person ca. 200 kcal

 TiP

Das Gericht wird etwas
schärfer und pikanter, wenn
man noch eine durch die
Presse gedrückte
Knoblauchzehe mitbrät. Oder
man gibt eine geschälte
Knoblauchzehe in das heiße
Öl, läßt sie eben bräunen und
entfernt sie dann wieder.

Vorbereitung:

1. Die Auberginen waschen,
vom Stengelansatz befreien
und in etwa 5 cm lange, 2,5 cm
breite Streifen schneiden. Die
Schale jeweils zwei- bis dreimal
einritzen, damit die Gewürze
besser eindringen können. Die
Auberginen mit Salz bestreuen
und 10 Minuten stehen lassen.

2. Paprikaschoten vierteln,
von Stengelansätzen und
Samensträngen befreien und in
ebenso große Stücke wie die
Auberginen schneiden.

3. Etwa 2 cm Ingwer schälen
und fein reiben.

4. 100 ml Wasser, Zucker,
Soja Sauce, *sake* und *miso*
vermischen, bis sich der Zucker
ganz aufgelöst hat.

5. Auberginen in ein Sieb
geben, gründlich unter
fließendem Wasser abspülen
und abtropfen lassen.

Zubereitung:

1. Das Öl in einer großen,
schweren Pfanne erhitzen.
Ingwer und Fleisch
hineingeben und unter Rühren
solange braten, bis das Fleisch
Farbe genommen hat und
krümelig geworden ist.

2. Auberginen zufügen und
etwa 4 Minuten braten, Paprika
in die Pfanne geben und alles
weitere 2 bis 3 Minuten braten.

3. Die Würzflüssigkeit
angießen. Die Stärke mit etwas
Wasser glattrühren, rasch in die
Pfanne rühren und alles einmal
aufkochen lassen, bis die
Stärke bindet.

Servieren:

Das Gericht auf einer großen
Platte oder vier Portionstellern
anrichten und heiß auftragen.

Süße Kartoffeln mit Zitrone

Zubereitungszeit: 40 Minuten

Zutaten:

500 g süße Kartoffeln (Bataten),
ersatzweise längliche, mehlig
kochende Kartoffeln,
1/2 unbehandelte Zitrone,
2 Eßl. Zucker,
1 - 2 Eßl. Soja Sauce.

Pro Person ca. 75 kcal

Dieses erfrischende Gericht wird in Japan als
Abschluß eines Menüs oder als Snack zur Teezeit
serviert. Bei uns sollte man es als Beilage zum
Beispiel zu gebratenem oder geschmortem Fleisch
oder zu pochiertem Fisch reichen.

**Vorbereitung und
Zubereitung:**

1. Die Kartoffeln schälen und
in etwa 2,5 cm dicke Scheiben
schneiden. 10 Minuten in kaltes
Wasser legen. Das Wasser
zweimal wechseln, damit die
Kartoffeln sich nicht verfärben.

2. Die Zitrone in dünne
Scheiben schneiden.

3. Die abgetropften
Kartoffelstücke in einen Topf
geben. Mit Zucker bestreuen.
Soja Sauce und soviel Wasser
zufügen, daß die Kartoffeln
eben bedeckt sind. Wasser
zum Kochen bringen und die
Kartoffeln in etwa 20 Minuten
weich kochen. Nach etwa 10
Minuten die Zitronenscheiben
zufügen.

Servieren:

Die Kartoffeln mit den
Zitronenscheiben und der
Garflüssigkeit heiß oder bei
Zimmertemperatur auftragen.

REISGERICHTE

In keiner europäischen Küche gibt es ein vergleichbares Grundnahrungsmittel, das einen dem Reis entsprechenden hohen Stellenwert in der täglichen Kost hat. Reis ist in Japan sozusagen Brot, Kartoffeln und Nudeln in Einem. Ohne Reis ist keine Mahlzeit vollständig, nicht einmal denkbar.

Reis wird in Japan seit der Antike angebaut und stellte stets das ernährungsphysiologische Gegengewicht zu Fisch, Obst und Gemüse dar.

Echter japanischer Reis *(kome)* ist kurzkörnig und wird durch das Kochen verhältnismäßig weich und klebrig. Man bekommt ihn in Japangeschäften, Bioläden oder in gut sortierten Lebensmittelabteilungen großer Kaufhäuser.

Für die in Europa nachvollzogene Küche kann man als Ersatz auch auf Langkornreis zurückgreifen, obgleich er den Anforderungen, die eine japanische Hausfrau an den Reis stellt, nicht gerecht wird. Auf keinen Fall jedoch sollte vorbehandelter (parboiled) Reis verwendet werden, weil er viel zu körnig bleibt, darum zum Beispiel für die Bereitung von *sushi* absolut ungeeignet ist.

Reis gehört zu den kalorienarmen Grundnahrungsmitteln. Die bei uns als Beilage üblichen (ungekochten) 50 g pro Person (gekocht ca. 150 g) haben nur etwa 185 kcal.

REISGERICHTE

Handgeformte *Sushi*

Sushi-**Variationen**

In Holzkästchen geformte oder gepreßte *sushi*

(hako-zushi oder *oshi-zushi)*
Für diese *sushi* wird der mit Essig gewürzte Reis (Zubereitung Seite 80) in kleine Holzkästchen gepreßt und so geformt. Als würzenden Belag gibt man verschiedenen frischen Fisch, Thunfisch, gekochte Shrimps, gebratenes Ei, gekochte chinesische schwarze Pilze, gegrillte Aalstücke und anderes auf die Reisblöcke.

In Ei gerollte *sushi (chakin-zushi)*

Den mit Essig gewürzten Reis mit gewürzten, gekochten Gemüsen oder gekochten chinesischen Pilzen und frischem Fisch vermischen, formen und in auf japanische Art gebratenes Ei (siehe Seite 84, Punkt 8) vorsichtig einrollen.

Handgeformte und gerollte *sushi*

(nigiri-zushi und *maki-zushi)*

Handgeformte *sushi* sind kleine Blöcke aus mit Essig gewürztem Reis, die zuerst mit etwas *wasabi* (grüner japanischer Meerrettich) bedeckt und anschließend mit ganz frischem Fisch oder Meerestieren belegt werden, wie z. B. Tintenfisch, Thunfisch, Seebrasse, Muscheln, rotem Kaviar, Shrimps, Rogen.

Für gerollte *sushi* wird der gewürzte Reis zusammen mit anderen Zutaten in ein Blatt *nori* (getrockneter Seetang) eingewickelt. Man kann getrocknete Kürbisstreifen *(kampyo),* rohen Thunfisch, frische Gurkenstreifen und anderes in die Mitte legen, bevor die *sushi* gerollt werden. Anschließend werden die Rollen in Scheiben geschnitten.

REISGERICHTE

Handgeformte *Sushi*

Zubereitungszeit: 1 Stunde
Zutaten:

50 g Ingwer,
zum Einlegen: 1 Teel. Zucker,
1/4 Teel. Salz,
4 Eßl. Reisessig oder leicht verdünnter Apfelessig.
300 g japanischer Reis,
1 Stück *konbu* (getrockneter Seetang) von 8 x 8 cm Größe,
650 ml Wasser
2 Eßl. *sake* (Reiswein) oder trockener Sherry (Fino),
zum Würzen von dem Reis:
5 Eßl. Reisessig oder leicht verdünnter Apfelessig,
1 Eßl. Zucker, 1 - 1 ½ Teel. Salz.
100 g frischen Thunfisch vom rötlichen Teil,
100 g frisches Seebrassenfilet,
100 g echter Räucherlachs,
8 mittelgroße Shrimps,
50 g Lachskaviar (Ketakaviar).
3 Eier,
zum Würzen der Eier: 1 Teel. Zucker,
1 Teel. *mirin,* (süßer Reiswein zum Kochen),
1 Teel. Soja Sauce.
1 ½ Teel. Speiseöl zum Braten der Eier.
100 g frische Salatgurke,
8 grüne *shiso*-Blätter (siehe Glossar Seite 99), ersatzweise große Sauerampferblätter, Endivienblätter oder 8 Stengel Brunnenkresse,
1 unbehandelte Zitrone oder Limette,
8 bis 10 Blätter gerösteter *nori* (getrockneter Seetang), 20 x 18 cm groß,
1 Eßl. pulverisierter oder frisch geriebener *wasabi* (japanischer grüner Meerrettich),
4 Eßl. Soja Sauce.

Pro Person ca. 650 kcal

Sushi wird wohl nicht zu Unrecht oft als das „Butterbrot der Japaner" bezeichnet, und es gibt auf der ganzen Welt nichts, was im entferntesten mit diesem kalten Imbiß verglichen werden kann. Sei es in der Vielzahl der Variationen, sei es in den farbenprächtigen Arrangements. Grundsubstanz ist allerdings immer der mit Reisessig *(su)* gewürzte Reis, obwohl *sushi* in früheren Zeiten wohl eher nur gepökelter Fisch gewesen ist. Heute jedoch sind *sushi* eine Köstlichkeit, die sowohl im häuslichen Bereich Gästen angeboten, als auch in zahllosen, außerordentlich beliebten Restaurants, die sich nur auf ihre Herstellung spezialisiert haben, in immer neuen, den Gaumen und das Auge erfreuenden Variationen zubereitet werden.

Vorbereitung und Zubereitung:

1. Ingwer schälen und in papierdünne Scheiben schneiden. 20 Sekunden in kochendem Wasser blanchieren, gut abtropfen lassen. Zucker, Salz und Essig verrühren und die Ingwerscheiben darin mindestens 6, besser jedoch bis zu 24 Stunden marinieren.

2. Reis waschen und abtropfen lassen. *Konbu* mit einem feuchten Tuch abreiben, dabei jedoch die weiße Schicht nicht entfernen. *Konbu* in vier gleichgroße Stücke teilen. Mit Reis, Wasser und *sake* in einen Topf geben und zugedeckt bei starker Hitze zum Kochen bringen. Unmittelbar ehe das Wasser aufkocht, *konbu* herausnehmen. Den Reis dann bei mäßiger Hitze in 25 Minuten ausquellen lassen. Dabei hin und wieder mit einem Holzspatel umrühren, damit der Reis schön körnig wird. Ein gefaltetes Küchentuch unter den Deckel legen und den Reis ohne Hitzezufuhr noch 10 Minuten stehen lassen.

3. Die Würzzutaten für den Reis vermischen, den fertigen Reis in eine Schüssel geben, rasch mit der Würzmischung begießen und sie mit einem Holzspatel unterheben. Mit einem feuchten Küchentuch bedecken, damit der Reis nicht zu trocken wird. Auf Zimmertemperatur abkühlen lassen.

4. Während der Reis gart, die übrigen Zutaten vorbereiten: Thunfisch, Seebrassenfilet und Räucherlachs in hauchdünne Scheiben schneiden. Die Shrimps schälen und dabei jeweils den schwarzen Darmfaden entfernen. Zusammen mit dem Kaviar dekorativ auf einer Platte anrichten, auf die noch die übrigen Zutaten gelegt werden.

5. Eier mit Zucker, *mirin* und Soja Sauce verrühren. Das Öl in einer großen, möglichst beschichteten Pfanne erhitzen. Die Eimasse hineingeben und wie für ein Omelett stocken lassen, dabei sollte aber die Oberfläche möglichst glatt bleiben. Die Eimasse abkühlen lassen, dann in etwa 8 cm lange, 2 cm breite Streifen schneiden. Auch auf die Platte geben.

Die Gurke unter fließendem Wasser gründlich abbürsten, dann in etwa 1 cm dicke, 8 cm lange Streifen schneiden.

6. *Shiso*-Blätter (oder Sauerampfer, Endivienblätter oder Brunnenkresse) abspülen und trockentupfen. Zitrone oder Limette unter fließendem Wasser gründlich abspülen, abtrocknen und in dünne Segmente teilen.

Alles auch auf der Platte anrichten.

7. *Nori*-Blätter in gleichgroße Vierecke schneiden. Entweder auch auf die Platte geben oder gesondert anrichten.

8. Getrockneten *wasabi* mit 1 Teel. Wasser gründlich vermischen. Frischen *wasabi* frisch reiben. In die Mitte der Platte häufen.

9. In 4 kleine Schälchen je 1 Eßl. Soja Sauce geben.

Servieren:

1. Die abgetropften Ingwerscheiben in einem getrennten Schälchen servieren.

2. Den Reis in vier Portionsschälchen geben. Jeder

bedient sich selber, wählt die Zutaten für sein *sushi* und wickelt sie mit dem Reis in ein *nori*-Blatt. Um den Geschmack von Fisch und Shrimps oder Kaviar zu unterstreichen, sollte man jeweils etwas Gurke oder Blattgemüse oder Eistreifen zufügen. Nach Belieben auch die Ingwerscheiben mit einrollen. Einige Tropfen Zitronen- oder Limettensaft runden das Aroma ab.

Das fertige *sushi* wird in die Soja Sauce getaucht (siehe Bildunterschriften) und nach Belieben mit *wasabi* gewürzt. *Wasabi* wegen seiner Schärfe nur sparsam verwenden.

Anmerkung:

Sushi sind für den Japaner stets Ausdruck des Charakters der jeweiligen Jahreszeiten. Darum variieren die Beläge in Sommer, Herbst, Winter und Frühling. Auch die Garnierungen müssen sich diesen Naturgesetzen unterwerfen.

TiP

Vor einem *Sushi*-Essen sollte man seinen Gaumen mit etwas warmen *sake* (Reiswein) erfreuen. Zu den *sushi* selber wird Tee gereicht. Zwischen den einzelnen Bissen kann man marinierte Ingwerscheiben (Rezept Seite 45) knabbern, um den Gaumen für neue Aromen wach und einen frischen Atem zu machen.

1. Man nimmt ein Stück *nori* auf die flache Hand und gibt einen Teelöffel voll *sushi*-Reis hinein.

2. Beliebige Zutaten und Gewürze zufügen. *Nori* dann zusammenrollen.

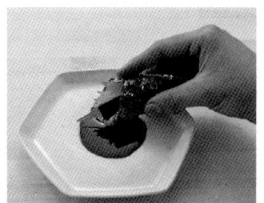

3. Das gerollte *sushi* ganz leicht in die Soja Sauce dipen und genießen.

REISGERICHTE

Sushi- **Reis**
mit bunten Gemüsen

REISGERICHTE

Reis mit Hühnerhachée, Eiern und Erbsen   **Reis mit Rindfleisch**

REISGERICHTE

Sushi-**Reis mit bunten Gemüsen**

Zubereitungszeit: 1 Stunde
Zutaten:

300 g rundkörniger Reis,

1 Stück *konbu* (siehe Seite 80),

knapp 3/4 l Wasser,

2 Eßl. *sake* (Reiswein) oder trockener Sherry (Fino).

25 g *kampyo* (getrocknete Kürbisstreifen),

1/2 Teel. Salz,

zum Kochen des *kampyo:* 200 ml *dashi* (Blaufischbrühe, Rezept Seite 14),

2 Eßl. Zucker,

2 Eßl. Soja Sauce,

1 Eßl. *mirin* (süßer Reiswein zum Kochen).

4 getrocknete chinesische schwarze Pilze *(shiitake),*

100 g Lotoswurzel aus der Dose,

100 g Möhren,

2 Stück *abura-age* (fritierter Sojabohnenquark),

zum Kochen der Gemüse und *abura-age:* 100 ml *dashi* (siehe oben), 1 Eßl. Zucker,

2 Eßl. Soja Sauce,

1 Eßl. *mirin* (süßer Reiswein zum Kochen).

50 g Zuckerschoten,

1/2 Blatt *nori* (getrockneter Seetang),

2 Eier,

zum Würzen der Eier: je 1 Prise Zucker und Salz.

1 Teel. Speiseöl zum Braten.

Zum Würzen von dem Reis:

5-6 Eßl. Reisessig oder leicht verdünnter Apfelessig,

1 Eßl. Zucker,

4-6 Eßl. Soja Sauce.

1 Eßl. in feine Streifen geschnittener marinierter Ingwer (Rezept Seite 80).

Pro Person ca. 580 kcal

Vorbereitung und Zubereitung:

1. Reis waschen, *konbu* und Kochwasser wie auf Seite 80 beschrieben vorbereiten. Reis und *sake* hineingeben, im offenen Topf einmal sprudelnd aufkochen lassen. Ein sauberes, gefaltetes Küchentuch über den Topf legen. Den Deckel darauf geben und den Reis bei ganz schwacher Hitze in etwa 25 Minuten ausquellen lassen.

2. *Kampyo* anfeuchten und mit dem Salz zwischen den Handflächen reiben, bis er weich ist. Das Salz abspülen. *Kampyo* 20 Minuten in warmem Wasser einweichen, anschließend in klarem Wasser etwa 10 Minuten kochen lassen.

Die Kürbisstreifen abtropfen lassen, zusammen mit *dashi,* Zucker, Soja Sauce und *mirin* in einem Topf zum Kochen bringen. Bei nicht zu starker Hitze solange kochen lassen, bis keine Flüssigkeit mehr vorhanden ist. Die Streifen in 1 cm lange Stücke schneiden.

3. Die Pilze etwa 20 Minuten in 100 ml lauwarmem Wasser einweichen. Dann abtropfen lassen, die Stiele herausdrehen und die Köpfe in feine Streifen schneiden. Das Einweichwasser aufheben.

4. Abgetropfte Lotoswurzeln in dünne Scheiben, geschälte Möhren in feine Stifte schneiden.

5. *Abura-age* 1 Minute in kochendes Wasser legen, abtropfen lassen und trockentupfen. Dann längs halbieren und ebenfalls in dünne Streifen schneiden.

6. Pilzwasser, *dashi,* Zucker, Soja Sauce und *mirin* aufkochen, Pilze, Lotoswurzeln, Möhren und *abura-age* darin etwa 10 Minuten bei mittlerer Hitze kochen, die Brühe dann abgießen.

7. Zuckerschoten in wenig Salzwasser etwa 3 Minuten kochen, abtropfen lassen und diagonal in feine Streifen schneiden.

Nori mit einer Küchenschere ebenfalls in hauchdünne Streifchen schneiden.

8. Eier mit Zucker und Salz verquirlen. Eine kleine Pfanne ganz dünn mit Öl einpinseln. Immer nur soviel Eimasse hineingeben, daß der Boden eben bedeckt ist. Eimasse kurz stocken lassen, wenden, noch 1 Sekunde braten, aus der Pfanne nehmen und auf ein Schneidebrett legen. Vorgang wiederholen, bis die gesamte Masse verbraucht ist. Die Eilagen übereinander legen und in ganz dünne, etwa 2,5 cm lange Streifen schneiden.

9. Den gegarten Reis mit Essig, Zucker und Soja Sauce würzen, mit *kampyo,* Pilzen, Lotoswurzel, Möhren und *abura-age* vorsichtig vermischen.

Servieren:

Den gemischten Reis in eine große Schüssel füllen. Mit Eistreifen, Zuckerschoten und *nori,* garnieren. Den marinierten Ingwer in die Mitte geben.

Reis mit Hühnerhachée, Eiern und Erbsen

Zubereitungszeit: 40 Minuten

Zutaten:

rundkörniger Reis (jedoch
keinen Milchreis verwenden),

1 Eßl. Zucker,

2 Eßl. Soja Sauce,

2 Eßl. *sake* (Reiswein) oder
trockener Sherry (Fino),

1 Teel. aus frisch geriebenem
Ingwer ausgepreßter
Ingwersaft, (siehe Seite 45)

300 g gehacktes Hühnerfleisch,

300 g junge Erbsen
(ersatzweise tiefgekühlte
Erbsen),

1 kräftige Prise Salz,

4 Eier,

zum Würzen der Eier:

2 Teel. Soja Sauce,

1 Prise Zucker,

1 Eßl. *sake* (Reiswein) oder
trockener Sherry (Fino).

1 Eßl. in feine Streifen
geschnittener marinierter
Ingwer (Rezept Seite 80).

Pro Person ca. 420 kcal

Vorbereitung und Zubereitung:

1. Den gewaschenen Reis mit knapp 3/4 l Wasser in einem offenen Topf bei starker Hitze sprudelnd aufkochen lassen. Die Hitze ganz stark reduzieren und den Reis zugedeckt in etwa 25 Minuten garziehen lassen. Eventuell ein mehrfach gefaltetes Küchentuch unter den Deckel legen, um den Dampf aufzusaugen.

2. Zucker, Soja Sauce, *sake* und Ingwersaft in einem flachen Topf aufkochen. Das Hühnerfleisch hineingeben und unter Rühren solange kochen lassen, bis es gar ist. Das dauert etwa 4 bis 5 Minuten. Das Fleisch warm halten.

3. Nebenher die Erbsen in wenig Salzwasser garen. Frische Erbsen brauchen etwa 4 Minuten, unaufgetaute Tiefkühl-Erbsen 6 bis 8 Minuten. Die Erbsen abgießen und auch warmhalten.

4. Die Eier leicht verquirlen. In eine beschichtete Pfanne geben und die Gewürze zufügen. Unter ständigem Rühren bei nicht zu starker Hitze stocken lassen, wobei die Eier Flocken bilden sollen, die aber nicht zu trocken sein dürfen.

Servieren:

Große Portionsschalen zur Hälfte mit dem Reis füllen. Auf jeder Schale je ein Dreieck mit Hühnerhachée, Erbsen und Eierflocken bedecken. Jeweils einige Ingwerstreifen in die Mitte geben.

Reis mit Rindfleisch

Zubereitungszeit: 30 Minuten

Zutaten:

300 g Rundkornreis (jedoch
keinen Milchreis verwenden),

300 g in dünne Scheiben
geschnittenes marmoriertes
Roastbeef,

4 Frühlingszwiebeln ohne
Knolle,

4 Eßl. Hühner- oder
Rindfleischbrühe (aus
Instantbrühe bereitet),

4 Eßl. *mirin* (süßer Reiswein
zum Kochen),

4 Eßl. Soja Sauce

Pro Person ca. 370 kcal

Vorbereitung und Zubereitung:

1. Den gewaschenen Reis mit knapp 3/4 l Wasser in einem offenen Topf bei starker Hitze sprudelnd aufkochen lassen. Die Hitze stark reduzieren und den Reis zugedeckt — wie im vorigen Rezept beschrieben — ausquellen lassen.

2. Das Fleisch in etwa 4 cm große Quadrate schneiden.

3. Die Frühlingszwiebeln putzen und in 2,5 cm lange Stücke schneiden.

4. Brühe, *mirin* und Soja Sauce in einem flachen Stieltopf zum

Kochen bringen, die Fleischstücke einlegen und 2 Minuten garen. Die Frühlingszwiebeln zufügen und etwa 1 Minute mitkochen. Dann sofort vom Herd nehmen.

Servieren:

Den Reis in 4 große Servierschalen verteilen. Darauf die Fleischscheiben und die Frühlingszwiebeln anrichten.

Den Schmorfond mit etwas Wasser loskochen, dann über das Gericht gießen und dieses rasch auftragen.

REISGERICHTE

Reis mit grünen Erbsen

REISGERICHTE

**Reis mit Huhn
und verschiedenen
Gemüsen**

REISGERICHTE

Reis mit grünen Erbsen

Zubereitungszeit: 30 Minuten

Zutaten:

300 g rundkörniger Reis
(jedoch keinen Milchreis
verwenden),

knapp 3/4 l Wasser,

300 g frische oder tiefgekühlte
zarte grüne Erbsen,

2-3 Eßl. *sake* (Reiswein) oder
trockener Sherry (Fino),

2--3 Eßl. Soja Sauce.

Pro Person ca 370 kcal

**Vorbereitung und
Zubereitung:**

1. Den gewaschenen Reis mit
dem Wasser in einem offenen
Topf sprudelnd aufkochen
lassen.

2. Die Erbsen (tiefgekühlte
vorher nicht auftauen lassen)
zusammen mit dem *sake* und
der Soja Sauce vorsichtig
untermischen.

3. Die Flüssigkeit wieder zum
Kochen bringen, den Deckel
auflegen und den Reis in etwa

20 bis 25 Minuten bei ganz
schwacher Hitze ausquellen
lassen. Dann vorsichtig noch
einmal durchmischen und
auftragen.

Servieren:

Der Reis mit grünen Erbsen
wird meist nicht als
Einzelgericht, sondern als
Beilage zu Fleisch oder Fisch
gereicht.

Reis mit Huhn und verschiedenen Gemüsen

Zubereitungszeit: 50 Minuten

Zutaten:

4 getrocknete chinesische
schwarze Pilze *(shiitake)*,

200 g Hühnerbrustfilet ohne
Haut,

100 g Möhren,

2 Blatt *abura-age* (dünner,
fritierter Sojabohnenquark),

2 Teel. Zucker,

6 Eßl. Soja Sauce,

4 Eßl. *sake* (Reiswein) oder
trockener Sherry (Fino),

300 g Rundkornreis (jedoch
keinen Milchreis verwenden).

Pro Person ca. 485 kcal

Vorbereitung:

1. Die Pilze 15 bis 20 Minuten
in 200 ml lauwarmen Wasser
einweichen. Dann abtropfen
lassen, etwas ausdrücken, die
Stiele herausdrehen und die
Köpfe in dünne Streifen
schneiden. Das Einweichwasser
in einem Topf beiseite stellen.

2. Hühnerbrustfilet in etwa
2,5 cm große Würfel schneiden.
Die geschälten Möhren zuerst
in lange, dünne Scheiben, dann
in feine Streifen schneiden.
Abura-age der Länge nach
halbieren, dann schräg
ebenfalls in dünne Streifen
schneiden.

Zubereitung:

1. Das Pilzeinweichwasser mit
Zucker, 4 Eßl. Soja Sauce und 2
Eßl. *sake* zum Kochen bringen.
Pilze und Möhren hineingeben
und 5 Minuten kochen lassen,
dann die Fleischwürfel und
abura-age zufügen. Alles noch
weitere 3 bis 4 Minuten kochen,
dann mit einem Schaumlöffel
aus der Brühe nehmen und
beiseite stellen.

2. Die Brühe mit dem
restlichen *sake* und der
restlichen Soja Sauce

vermischen und mit Wasser auf
650 ml auffüllen. In einen Topf
geben, Reis zufügen und bei
starker Hitze einmal sprudelnd
aufkochen. Den Deckel
auflegen und den Reis bei ganz
schwacher Hitze in etwa 25
Minuten ausquellen lassen.

3. Gemüse mit einem
Holzspatel vorsichtig unter den
Reis heben. Ein gefaltetes
Küchentuch unter den Deckel
legen, damit der aufsteigende
Dampf aufgesogen wird. Das
Gericht noch 5 Minuten auf der
abgeschalteten Herdplatte
stehen lassen.

Servieren:

Den Reis heiß in
Portionsschalen auftragen.

Hinweis: Das recht fettreiche
abura-age wird in Japan vor der
Zubereitung meist für kurze Zeit
(etwa 1 Minute) in kochendes
Wasser gelegt, um das Öl zu
entfernen. Dann abtropfen
lassen und mit einem Tuch
trockentupfen und weiterver-
arbeiten wie beschrieben. Für
unseren europäischen
Geschmack ist aber der
unbehandelte fritierte Sojaquark
interessanter, vorausgesetzt,
man verträgt das Fett.

TOFU-, EI- UND NUDELGERICHTE

Einer der Grundpfeiler der japanischen Küche ist der in seiner Konsistenz an Eierstich erinnernde Sojabohnenquark *tofu*. Für den europäischen Gaumen hat er so gut wie keinen Geschmack, für die Japaner ist er eines ihrer wichtigsten Nahrungsmittel. *Tofu* kann gebraten, gekocht und gegrillt werden. Er dient als Suppeneinlage, als Bindemittel für Fleisch- oder Fischklößchen, man kann daraus Dressings bereiten, ihn überhaupt so vielseitig variieren, daß es in Japan Restaurants gibt, deren gesamtes Speiseangebot auf *tofu* basiert. *Tofu* spielt vor allem darum eine so wichtige Rolle in der Ernährung, weil er ungewöhnlich reich an pflanzlichem Eiweiß und Kalzium, dafür aber sehr kalorienarm ist. Auch Eier gehören, wie z. B. Rindfleisch, zu den Nahrungsmitteln, die in Japan erst mit

Öffnung des Landes zum Westen an Bedeutung gewannen. Auch heute noch sind sie nicht wie bei uns Teil der Alltagsküche, vielmehr werden aus den Eiern, die auch verhältnismäßig teuer sind, zarte, feine Gerichte in den verschiedensten Formen bereitet.

Die beiden typischsten Nudelsorten in Japan sind *udon* und *soba*. *Udon* werden aus Weizenmehl, *soba* aus Buchweizenmehl hergestellt. Man kann die Nudeln kalt mit einer auf Soja Sauce basierenden Würzsauce oder heiß mit einer Brühe essen. Dann gibt man zusätzlich noch Fleisch, Fisch, Eier oder Gemüse mit an das Gericht.

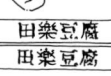

TOFU-, EI- UND NUDELGERICHTE

Frischer *tofu*
mit Gewürzen

Tofu **gebraten mit Shrimps**
und Gemüse garniert

TOFU-, EI- UND NUDELGERICHTE

Tofu **gebraten mit**
Hühnerhachée und Gemüse

Ingwer mit Hühnerhachée in
heißem Öl anbraten, dabei mit
einem Spatel ständig rühren, damit
die Masse krümelig wird.

Möhren und Pilze zufügen,
unter Rühren garen, mit dem
gewürfelten *tofu* vermischen, aber
so, daß er nicht musig wird.

Gewürze und die fein-
geschnittenen Frühlingszwiebeln
gut untermischen. Dann das Ei
hineinrühren und die Hitze
abschalten.

TOFU-, EI- UND NUDELGERICHTE

Frischer *tofu* mit Gewürzen

Zubereitungszeit: Ohne Zeit
zum Kühlen, 10 Minuten

Zutaten:

2 Blöcke *tofu*
(Sojabohnenquark) von je ca.
300 g,

2 Frühlingszwiebeln,

1 Stück frischer Ingwer (ca. 3
cm groß),

2-3 *shiso*-Blätter (siehe
Glossar Seite 99), ersatzweise
frischer Sauerampfer),

2 g *katsuobushi*
(Blaufischflocken).

Pro Person ca. 90 kcal

Dieses schlichte, aber delikate Gericht ist sehr
erfrischend an heißen Sommertagen. Wichtig ist
jedoch, daß der *tofu* gut gekühlt serviert wird.

Vorbereitung:

1. *Tofu* zum Kühlen in den
Kühlschrank stellen.

2. Frühlingszwiebeln putzen
und in dünne Ringe schneiden.
Ingwer schälen und reiben.
Shiso-Blätter oder Sauerampfer
in feine Streifen schneiden.

Servieren:

1. Jeden Block *tofu* in 4
Portionen schneiden. Je 2 in
eine Glasschale geben,
Frühlingszwiebeln, *shiso*- oder
Sauerampferblättern und
katsuobushi darauf verteilen.
Ingwer ebenfalls in die
Schälchen geben. Nach
Belieben noch Soja Sauce in
gesonderten Schälchen dazu
reichen, sodaß sich jeder
seinen *tofu* nach Belieben
würzen kann.

Tofu gebraten mit Shrimps und Gemüsen garniert.

Zubereitungszeit: 30 Minuten

Zutaten:

2 Blöcke *tofu*
(Sojabohnenquark) von je ca.
300 g,

1 grüne Paprikaschote,

1 frische chinesische schwarze
Pilze, ersatzweise 2-3 große
Steinchampignons,

1 kleine Kartoffel,

1 Möhre von ca. 50 g,

100 g geschälte Shrimps,

1 Eiweiß,

3 Eßl. Mais- oder Reisstärke,

4 Eßl. Soja Sauce,

1 Eßl. *sake* (Reiswein) oder
trockener Sherry (Fino),

1 Teel. Reisessig oder leicht
verdünnter Apfelessig,

2 Eßl. Speiseöl.

Pro Person ca. 255 kcal

Vorbereitung:

1. Jeden Block *tofu* quer
in 3 gleichmäßige Scheiben
schneiden, jede in ein sauberes
Leintuch einschlagen und ganz
leicht ausdrücken.

2. Paprikaschote längs
vierteln, von Stengelansatz und
Samensträngen befreien, dann
quer in hauchdünne Streifen
schneiden. Pilze putzen oder
waschen, die Stiele
herausdrehen, die Köpfe
ebenfalls in dünne Streifen
schneiden. Kartoffel und Möhre
schälen und auch fein streifig
schneiden.

3. Alle Gemüse mit
den Shrimps, dem verquirlten
Eiweiß und der Stärke
verrühren, bis sich die Stärke
aufgelöst hat. Dann mit 1 1/2
Eßl. Soja Sauce und dem *sake*
würzen.

4. Die restliche Soja Sauce
mit dem Apfelessig vermischen
und in 4 Servierschälchen
verteilen.

Zubereitung:

1. Die Shrimps-Gemüse-
Mischung auf die *tofu*-Scheiben
streichen.

2. 1 Eßl. Öl in einer großen,
schweren Pfanne erhitzen, die
tofu-Scheiben mit der
bestrichenen Seite nach unten
hineingeben und etwa 3
Minuten braten, bis die
Unterseite leicht gebräunt ist,
tofu vorsichtig mit 2 Paletten
oder Pfannwendern umdrehen,
dabei darauf achten, daß die
Form nicht zerstört wird. Das
restliche Öl in die Pfanne
geben. Die Pfanne leicht rütteln,
damit das Öl gut verteilt wird.
Die zweite Seite noch 2 bis 3
Minuten braten.

Servieren:

Die heißen *tofu*-Stücke in die
Servierschalen mit der Sauce
geben. Oder man serviert die
Sauce getrennt, sodaß jeder
sein Gericht nach Belieben
damit würzen kann.

Tofu gebraten mit Hühnerhachée und Gemüse

Zubereitungszeit: 30 Minuten

Zutaten:

4 getrocknete schwarze
chinesische Pilze *(shiitake),*
1 Block *tofu* (Sojabohnenquark)
von ca. 300 g.
100 g Möhren,
2 Frühlingszwiebeln,
1 Ei,
1 Teel. Zucker,
3 Eßl. Soja Sauce,
2 Eßl. *sake* (Reiswein) oder
trockener Sherry (Fino),
1 Eßl. Speiseöl,
100 g gehacktes Hühnerfleisch,
1 Teel. geriebener Ingwer.

Pro Person ca. 205 kcal

Vorbereitung:

1. Die Pilze 15 Minuten in
warmem Wasser einweichen,
dann abtropfen lassen, etwas
ausdrücken, die Stiele
herausdrehen und die Köpfe in
feine Streifen schneiden.

2. *Tofu* mit Stäbchen oder
einer Gabel in grobe Stücke
zerteilen, in ein Sieb geben und
gründlich abtropfen lassen.

3. Die geschälten Möhren in
streichholzgroße Stifte, die
geputzten Frühlingszwiebeln in
1 cm breite Ringe schneiden.
Das Ei leicht verquirlen.

4. Zucker, Soja Sauce und
sake verrühren, bis sich der
Zucker ganz aufgelöst hat.

Zubereitung:

1. Das Öl in einer tiefen
Pfanne bei starker Hitze
rauchheiß werden lassen.
Hühnerfleisch und Ingwer darin
unter Rühren anbraten, bis das
Fleisch ganz und gar Farbe
genommen hat. Die Hitze
reduzieren. Möhren und Pilze in
die Pfanne geben und alles
noch 3 Minuten braten.

2. *Tofu* zufügen und alles vom
Boden her vorsichtig
vermischen, dabei den *tofu*
nicht zu sehr zerkleinern.

3. Die Soja-Sauce-Mischung in
die Pfanne gießen, die
Frühlingszwiebeln zufügen und
alles vorsichtig, aber gründlich
verrühren. Zum Schluß das Ei
einrühren und stocken lassen.

Servieren:

Das Gericht kann sofort heiß
oder auf Zimmertemperatur
abgekühlt aufgetragen werden.

Gekochte Gemüse mit *tofu*-Dressing (ohne Foto)

Zubereitungszeit: 30 Minuten

Zutaten:

100 g Möhren,
1/2 Block oder 100 g *konnyaku*
(eine durchscheinende Masse,
die aus der Stärke einer
„Teufelszunge" genannten
Wurzel bereitet wird und als
Fertigprodukt erhältlich ist),
4 frische chinesische schwarze
Pilze, ersatzweise 4 große
Steinchampignons,
50 g Zuckerschoten,
1/16 l *dashi* (Blaufischbrühe,
Rezept Seite 14),
2 1/2 Teel. Zucker,
3 Eßl. Soja Sauce,
1 Block *tofu* (Sojabohnenquark)
von ca. 300 g,
2 Eßl. Sesamkörner,
1 Eßl. *sake* (Reiswein) oder
trockener Sherry (Fino).

Pro Person ca. 125 kcal

Vorbereitung:

1. Die geschälten Möhren und
den abgetropften, längs halbier-
ten *konnyaku* in 2,5 cm lange,
5 mm dicke Stifte schneiden.

2. Die Pilze putzen oder
waschen. Die Stiele
herausdrehen und die Köpfe in
feine Streifen schneiden (bei
Steinchampignons können die
geputzten Stiele mitverwendet
werden). Die Zuckerschoten
wenn nötig entfädeln.

Zubereitung:

1. *Dashi* mit 1/2 Teel. Zucker
und 1 Eßl. Soja Sauce zum
Kochen bringen. Möhren und
konnyaku darin 2 bis 3 Minuten
kochen, die Pilze zufügen und
noch 1 Minute kochen lassen.
Mit einem Schaumlöffel
herausnehmen und abtropfen
lassen. Die Zuckerschoten in
die Flüssigkeit geben,
aufkochen und 2 Minuten
kochen lassen. Dann abgießen,
abtropfen lassen und diagonal
in feine Streifen schneiden.

2. Den *tofu*-Block im Ganzen in
kochendes Wasser geben und
2 Minuten blanchieren. Ein Sieb
mit einem Mulltuch auskleiden,
tofu hineingeben, abtropfen und
abkühlen lassen. Dann kräftig
ausdrücken.

3. Die Sesamkörner in einer
beschichteten Pfanne ohne
Fettzugabe rösten.

4. *Tofu*, Sesamkörner, den
restlichen Zucker, die restliche
Soja Sauce und *sake* zu einem
Dressing verrühren.

Servieren:

Unmittelbar vor dem Servieren
die Gemüse mit dem Dressing
vermischen und in
Portionsschälchen geben.

TOFU-, EI- UND NUDELGERICHTE

**Eierstich mit Hühnerfleisch,
Shrimps und Gemüse**

TOFU-, EI- UND NUDELGERICHTE

**Gekochte Nudeln
mit Huhn und Gemüse**

TOFU-, EI- UND NUDELGERICHTE

Eierstich mit Hühnerfleisch, Shrimps und Gemüse

Zubereitungszeit: 45 Minuten
Zutaten:

1/2 l *dashi* (Blaufischbrühe,
Rezept Seite 14),
5 Teel. Soja Sauce,
2 Eßl. *sake* (Reiswein) oder
trockener Sherry (Fino),
150 g entbeintes, gehäutetes
Hühnerbrustfilet,
8 mittelgroße Shrimps,
4 frische chinesische schwarze
Pilze, ersatzweise große
Steinchampignons,
1 Möhre von ca. 50 g,
4 große Spinatblätter,
1 Stück Zitronenschale von ca.
3 cm Länge,
4 frische Eier.

Pro Person ca. 215 kcal

Dieses Gericht, das korrekt *chawan-mushi* heißt, wird in Japan in besonderen Schälchen mit Deckeln bereitet. Ähnliche kann man auch bei uns bekommen. Oder man gart die Eierstichmasse in kleinen Soufflé-Förmchen oder möglichst geraden Tassen, die nicht höher als 10 cm sein sollten.

Vorbereitung:

1. *Dashi* zubereiten, mit 2 Teel. Soja Sauce und 1 Eßl. *sake* würzen und erkalten lassen.

2. Das Hühnerfleisch in etwa 2,5 cm große Würfel schneiden, mit der restlichen Soja Sauce und dem restlichen *sake* beträufeln und 10 Minuten ziehen lassen, hin und wieder wenden.

3. Die Shrimps schälen, dabei aber die Schwanzenden dranlassen. Die Darmfäden entfernen.

4. Die Pilze putzen oder waschen, die Stiele herausdrehen und die Köpfe nach Belieben halbieren oder vierteln.

5. Die geschälte Möhre in hauchdünne Scheiben schneiden. Die Spinatblätter in wenig Salzwasser 20 Sekunden blanchieren, dann abtropfen lassen und längs in Streifen schneiden.

6. Die Zitronenschale in hauchdünne Streifchen schneiden und beiseite stellen.

7. Alle Zutaten, außer den Zitronenstreifen, dekorativ in vier Schälchen füllen.

8. Die Eier mit Stäbchen oder einer Gabel leicht vermischen, dann nach und nach die erkaltete Brühe einrühren. Die Mischung durch ein Sieb gießen. Dann gleichmäßig über die übrigen Zutaten verteilen.

Zubereitung:

1. In einem schweren Topf, in dem alle vier Schalen Platz haben, 1/2 l Wasser zum Kochen bringen. Die Hitze etwas reduzieren. Die Tassen hineinstellen und das Wasser langsam wieder aufkochen. Ein mehrfach gefaltetes Küchentuch unter den Deckel legen, damit während des Garens der Dampf aufgesogen wird.

2. Sobald das Wasser wieder kocht, auf mittlere Hitze herunterschalten und den Topfdeckel etwas anheben, damit die Temperatur im Topf wieder niedriger wird. Eine zu hohe Temperatur läßt die Masse schwammig werden. Den Deckel dann aber wieder fest auflegen. Den Eierstich 20 bis 25 Minuten garen.

3. Als Garprobe ein Holzstäbchen in die Masse stecken, kommt es sauber wieder heraus, ist der Eierstich fest und gar.

Servieren:

Die Schalen aus dem Topf heben, auf Untertassen stellen und den Eierstich mit den Zitronenschalenstreifen bestreuen. Dann sofort auftragen.

Gekochte Nudeln mit Huhn und Gemüse

Zubereitungszeit: 40 Minuten

Zutaten:

400 g *udon* (dicke getrocknete japanische Weizennudeln),

200 g entbeintes, gehäutetes Hühnerfleisch (am besten Brustfleisch),

1 Teel. Soja Sauce und 1 Teel. *sake* zum Würzen.

1 Möhre von 50 g,

4-8 frische chinesische schwarze Pilze oder mittelgroße Steinchampignons.

Zum Kochen der Möhren und Pilze: 150 ml *dashi* (Blaufischbrühe, Rezept Seite 14),

1 kräftige Prise Zucker,

1-2 Teel. Soja Sauce.

100 g Blattspinat,

2 lange Frühlingszwiebeln oder 1 Stange Lauch.

Für die Brühe:

1 l *dashi* (Blaufischbrühe, Rezept Seite 14),

6 Eßl. Soja Sauce,

3-4 Eßl. *mirin* (süßer Reiswein zum Kochen).

4 Eier,

Shichimi togarashi (siehe Glossar Seite 103).

Pro Person ca. 610 kcal

Dieser Nudel-Eintopf ist in Japan ein typisches Winteressen. Stilecht wird es in kleinen Portionsgefäßen aus Steingut serviert, in denen es auch zubereitet wurde (siehe Anmerkung).

Vorbereitung:

1. 1 ½ l Wasser in einem großen Topf zum Kochen bringen. Die Nudeln nach und nach hineingeben, dabei mit Stäbchen oder einer Gabel trennen, damit sie nicht zusammenkleben.

Wenn das Wasser erneut aufkocht, etwas kaltes Wasser nachgießen, damit ein Aufschäumen verhindert wird und die Nudeln nicht zu weich werden. Die Nudeln in 10 bis 12 Minuten garen. Eventuell noch ein- oder zweimal kaltes Wasser nachfüllen. Die Nudeln in ein Sieb schütten, kalt abschrecken und abtropfen lassen.

2. Das Hühnerfleisch in etwa 2,5 cm große Würfel schneiden und mit Soja Sauce und *sake* würzen. 10 Minuten stehen lassen.

3. Möhre schälen und in dünne Scheiben schneiden. Die Pilze putzen oder waschen. Die Stiele herausdrehen und die Köpfe über Kreuz leicht einschneiden. Den Spinat verlesen, waschen und in kochendem Wasser, dem nach Belieben etwas Salz beigefügt wurde, 30 Sekunden blanchieren. Kalt abschrecken, abtropfen lassen und in 2,5 cm breite Streifen schneiden.

4. Frühlingszwiebeln oder Lauch putzen bzw. waschen. Dann in etwa 2,5 cm lange Stücke schneiden.

Zubereitung:

1. Die Kochflüssigkeit für die Möhren und Pilze in einen Topf geben und würzen. Die Möhren darin 2 Minuten kochen. Hühnerfleisch zufügen und 2 Minuten kochen, dann die Pilze in die Brühe geben und alles noch 1 Minute garen.

2. Die Zutaten für die Brühe in einem Topf aufkochen lassen.

3. Nudeln und darauf die übrigen Zutaten in vier Serviertöpfe verteilen. Die Brühe darüber gießen.

4. Die Töpfe auf den Herd stellen und die Brühe bei nicht zu starker Hitze zum Kochen bringen. In jedes Gefäß ein aufgeschlagenes Ei gleiten und in 1 bis 2 Minuten stocken lassen.

Servieren:

Die Töpfe auf Untersetzern oder kräftigen Sets auf den Tisch stellen. Nach Belieben das Gericht mit *shichimi togarashi* nachwürzen.

Anmerkung:

Wenn Sie keine Gefäße haben, die auf die Herdplatte gestellt werden dürfen, geben Sie das Ei mit den Gemüsen in das Serviergeschirr, gießen die kochende Brühe darüber und lassen die Eier dann in dem auf 200° (Gas Stufe 3) erhitzten, Backofen stocken.

FISCH UND SCHALENTIERE

Glossar (Spezialwörterbuch) der Hauptzutaten, die in der japanischen Küche verwendet werden

Lachs *(sake)*

Pferde Makrele *(aji)*

Thunfisch *(maguro)*

Seebrasse *(tai)*

Gelbschwanzfisch *(buri)*

Blaufisch oder Echter Bonito *(katsuo)*

Tintenfisch *(ika)*

Makrele *(saba)*

Sillago *(kisu)*

Sardine *(iwashi)*

Shrimp *(ebi)*

Venusmuscheln *(hamaguri)*

Wellenmuscheln in der Schale oben, unten aus der Schale genommen *(aoyagi)*

Kamm- oder Jakobsmuscheln *(hotategai)*

Herzmuschel *(asari)*

98

GEMÜSE

Chinakohl (*hakusai*)

Frühlingszwiebeln (*negi*)

Lauch von Schalotten (*wakegi*)

Zwiebellauch (*asatsuki*)

japanische Gurken (*kyuri*)

Auberginen (*nasu*)

japanischer Kürbis (*kabocha*)

langer weißer Rettich (*daikon*)

Klee (*mitsuba*) (ersatzweise zartes Stielmus)

Lotuswurzel (*renkon*)

Lotuswurzel in der Dose (*renkon*)

Gobo in der Dose

Schwarzwurzel (*gobo*)

Bambussprossen (*takenoko*)

Bambussprossen in der Dose

frischer Ingwer (*shoga*)

Ingwersprossen (*ha-shoga*)

Zuckererbsen (*saya-endo*)

Ingwersprossen im Glas

chinesische schwarze Pilze (*shiitake*), von links: getrocknet in der Packung, getrocknete und frische Pilze

Blätter der Beefsteak Pflanze (*shiso*) (ersatzweise eingelegte Weinblätter)

FISCH UND SCHALENTIERE

Aji (Pferdemakrele): Dieser von den Japanern wegen seines neutralen Geschmacks und Geruchs und seiner niedrigen Kalorien sehr geschätzte Fisch ist in Europa leider nicht erhältlich. Er ist sehr festfleischig und wird sehr gerne als *tataki* (eine *sashimi*-Variante) zubereitet. Wer ihn grillen, braten oder fritieren will, kann ihn bei uns durch Forellen oder kleine Makrelen ersetzen.

Aoyagi (Wellenmuscheln): Die Schalen dieser Muscheln sind sehr groß (etwa 8 cm lang) und von gelb-brauner Farbe. Das Muschelfleisch ist eine begehrte Delikatesse, die meist schon ausgelöst verkauft wird. Man verwendet das schmackhafte Fleisch für *sashimi* oder als Zutat für essig-gesäuerte Gerichte *(sunomono)* und *sushi.*

Asari (Herzmuscheln): *Asari* haben eine ähnliche Form wie unsere weißen Herzmuscheln, sind aber etwas größer und die aschenfarbige Schale ist mit vielen Flecken übersät. Die Muscheln werden meist mit Schale in Suppen oder auch in Reiswein gekocht. Das ausgelöste Fleisch gibt man an *nabemono* (bei Tisch gekochte Gerichte) und *nuta* (ein Beilagengericht mit *wakame,* langen grünen Zwiebeln und essig-gesäuertem *miso*).

Buri (Gelbschwanzfisch): Seinen amerikanischen und deutschen Namen hat der Fisch von einem langen, gelben Streifen in der Körpermitte, der in der Schwanzflosse endet. In Japan wechselt der Fisch seinen Namen je nach Lebensalter. *Buri* wird besonders gern im Winter gegessen, weil das Fleisch dann fettreicher und damit wohlschmeckender ist. Zum Kochen, Grillen oder Einsalzen sind Fische über 1 m Länge am besten geeignet, für *sashimi* bevorzugt man den jungen, *hamachi* genannten Fisch.

Ebi (Shrimps): Von ihnen gibt es viele Varianten, in Japan am beliebtesten ist die Tigergarnele mit einem violett-braunen Streifenmuster auf dem Rücken. Sie hat den besten Geschmack und wird vor allem als *tempura* genossen.

Hamaguri (Venusmuscheln): Muscheln demonstrieren nach japanischer Auffassung die Harmonie zwischen Eheleuten, weil die zwei Schalenhälften fest zusammensitzen und auf jeder Seite das gleiche Muster aufweisen. Darum werden sie häufig zu festlichen Anlässen, wie z. B. einer Hochzeit, serviert. Venusmuscheln in der Schale werden meist in Suppen gekocht, das ausgelöste Fleisch hingegen wird gegrillt oder in Reiswein gegart.

Hotategai (Kamm- oder Jakobsmuscheln): Diese sehr großen Muscheln müssen sehr zart behandelt werden, weil das außerordentlich delikate Muskelfleisch zäh wird, wenn man es zu stark erhitzt oder zu lange gart. Das ganz frische Fleisch schmeckt vor allem als *sashimi,* man kann diese Muscheln aber auch mit oder ohne Schale grillen und mit *teriyaki*-Sauce anrichten. Außerdem schmecken sie sautiert oder fritiert sehr gut.

Ika (Tintenfisch): Es gibt verschiedene Sorten von Tintenfisch, in Japan am beliebtesten ist der *surume-ika,* der einen 20 bis 30 cm langen Rumpf von weichem, fettarmem Fleisch hat. Tintenfisch wird als *sashimi* zubereitet, kann aber auch gekocht, gegrillt, fritiert oder gebraten werden. Er wird getrocknet, gesalzen und eingelegt im Handel angeboten.

Iwashi (Sardinen): Die kleinen, aber sehr wohlschmeckenden Fische haben leider viele kleine Gräten. Die sehr fettreichen Sardinen werden meist gesalzen und dann gebraten oder gekocht. Wenn sie gekocht werden, gibt man Soja Sauce und Ingwer dazu, um den etwas starken Fischgeschmack zu überdecken. Ganz frische Sardinen können auch als *sashimi* bereitet werden.

Katsuo (Blaufisch oder Echter Bonito): Der Fisch hat eine typische Stromlinienform und an der Bauchseite einige schwarze Streifen. Er ist sehr fettarm aber köstlich im Geschmack, darum wird er auch vielfach als *tataki* (eine Art *sashimi*) bereitet. Häufig wird er auch gekocht oder gegrillt.

Kisu (Sillago): Dieser kleine Fisch, der nicht größer als 30 cm wird, hat ein weiches, weißes Fleisch. Weil es keinen ausgeprägten Eigen-geschmack hat, kann er auf jede Weise gegart werden. In Japan ist er fast immer fester Bestandteil einer *tempura*-Mahlzeit. Man kann ihn bei uns durch Wittlinge ersetzen.

Maguro (Thunfisch): Es gibt in Japan verschiedene Thunfischarten. Der „Schwarze Thunfisch" *(kuromaguro)* wird vorwiegend roh verzehrt. Er hat seinen Namen von einer blau-schwarzen Linie auf dem Rücken. Frischer Thunfisch kann auch gegrillt oder gekocht werden, die häufigste Zubereitung ist aber die für *sashimi.* Ebenso gehört er fast immer zu *sushi.* Das Fleisch eines Tieres ist von sehr unterschiedlicher Qualität, je nachdem aus welchem Teil es geschnitten wurde. Das beste, fettreichste Fleisch liegt rund um den Magen und wird *toro* genannt. Das rote, magere Fleisch hat einen einfacheren Geschmack.

Saba (Makrele): Makrelen sollten stets so frisch wie möglich verzehrt werden, da sie sehr schnell verderben. Das Fleisch ist fettreich und schmeckt sowohl gegrillt, als auch gebraten. Sehr beliebt ist es, Makrelen mit *miso*-Paste und Ingwer zu kochen, um den etwas fischigen Geschmack zu überdecken. Eine andere, ebenfalls sehr beliebte Zubereitungsart ist es, Makrelen stark zu salzen und dann in Essig zu marinieren (die Methode wird *shime-saba* genannt).

Sake (Lachs): Ebenso wie in Europa schätzt man auch in Japan den Lachs dann am meisten, wenn er die Flüsse hochsteigt. Dann ist das Fleisch besonders schmackhaft und auch der Fettgehalt ist niedriger als zu der Zeit, wenn der Lachs sich im offenen Meer aufhält. Lachsfleisch ist von Kopf bis Schwanz von annähernd gleichguter Qualität. Es wird vor allem gegrillt und gekocht, jedoch auch roh verzehrt. Lachskaviar, in Deutschland Ketakaviar, in Japan *ikura* oder *sujiko* genannt, wird sehr gerne für *sushi* verwendet.

Tai (Seebrasse): Auch die Seebrasse kommt in verschiedenen Variationen vor, am beliebtesten ist die, die *madai* genannt wird und als „Königin der Fische" gilt. Sie kann zwischen 30 cm und 1,20 m lang werden, ist aber am delikatesten, wenn sie nicht größer als 40 cm ist. Der Fisch verliert seinen Geschmack nicht so schnell wie andere Arten und kann in allen möglichen Methoden zubereitet werden.

GEMÜSE

Daikon (langer weißer Rettich): Diese saftige Wurzel ist mit dem deutschen weißen Rettich durchaus vergleichbar, bzw. auch austauschbar, wenn man recht dünne Exemplare kaufen kann. Die Blätter sind sehr reich an Vitamin C, darum sollte man sie mitverwenden. *Daikon* ist das ganze Jahr über erhältlich, am delikatesten sind jedoch die Wurzeln der Herbst- und Winterernten. Sie sind dann milder im Geschmack, haben aber ein intensiveres Aroma.

Gobo (eine Art Schwarzwurzel): Während in Europa die Schwarzwurzel fast immer geschält wird, liebt man in Japan das Aroma der Schale. Darum wird sie oft nur gründlich abgebürstet und dann weiterverarbeitet. Geschabte oder geschälte *gobo* müssen sofort in mit etwas Essig vermischtes Wasser gelegt werden, um das Verfärben zu verhindern. *Gobo* gibt man an *nimono*-Gerichte und Suppen, legt sie mit anderen Gemüsen ein oder fritiert sie.

Hakusai (Chinakohl): Chinakohl gibt es seit einiger Zeit das ganze Jahr über zu kaufen, seine Saison ist aber in Mitteleuropa aus dem heimischen Anbau der Herbst. Chinakohl ist sehr wasserhaltig, hat weiche Fasern und keinen sehr stark ausgeprägten Eigengeschmack. Er wird am meisten für Eintopfgerichte verwendet. Im Winter legt man ihn zusammen mit *gobo* gerne sauer ein.

Kabocha (japanischer Kürbis): Die meisten japanischen Kürbissorten haben die Form einer zusammengedrückten Kugel. Ihr Fleisch ist saftig und schmeckt sehr gut. Je besser die Qualität, umso fester ist das Fruchtfleisch. Kürbis wird in erster Linie mit Gewürzen gekocht oder in Scheiben geschnitten fritiert. Bei allen Zubereitungsarten muß man darauf achten, daß alle Kerne und das sie umgebende faserige Fruchtfleisch sorgfältig entfernt werden, weil sie das Aroma beeinflussen.

Kyuri (japanische Gurke): Es gibt etwa 50 Variationen, die sich zwar in Farbe der Schale, Form und Art des Anbaus, jedoch kaum im Geschmack unterscheiden. Die japanische Gurke ist verglichen mit der europäischen Salatgurke kleiner in der Länge und im Durchmesser. Die Haut ist zwar weicher, das Fleisch aber weniger saftig und es enthält kaum Kerne, Gurken, die eine kräftige grüne Farbe, eine gerade Form und eine feste Konsistenz haben, sind die besten. Sie werden in essiggegarte Gerichte (*sunomono*) gegeben, sauer eingelegt und als Salate bereitet.

Mitsuba (Klee): Dieses in Japan überaus geschätzte Gemüse gibt es in Europa nicht. Es hat einen besonderen Duft und eine kräftig grüne Farbe, darum wird es auch gerne zum Garnieren verwendet. Man kann es in Deutschland durch Stielmus oder auch durch großblättrige glatte Petersilie ersetzen.

Nasu (Aubergine): Auberginen sind in den verschiedensten Küchen zu Hause, haben unterschiedliche Formen und auch leicht differierende Farben. Dennoch sind sie im Inneren alle gleich. Sie haben die beste Qualität, wenn der Blattkelch frisch ist, das Fruchtfleisch keine Druckstellen aufweist und die Haut glatt ist und glänzt. Auberginen werden gebraten, fritiert oder man legt sie säuerlich ein. Japanische Auberginen sind im allgemeinen etwas dünner und kürzer als ihre europäischen Verwandten.

Negi (Frühlingszwiebel): Es gibt zwei Hauptsorten, davon ist die eine (*ha-negi*) zum größten Teil grün und hat zylindrische Blätter und einen Stamm. Im allgemeinen wird nur der grüne Teil gegessen. Die andere (*nebuka-negi*) hat einen aus den hellen Blatteilen gebildeten weißen Stamm und harte, grüne Blätter. Sie wird wegen des Stammes geschätzt. Beide Sorten werden jedoch in gleicher Weise verwendet: Als Zutat für *sukiyaki* und andere *nabemono*-Gerichte, für Suppen, Nudelgerichte, Fleisch und Fisch.

Asatsuki (Zwiebellauch): Diese *negi*-Abart erinnert im Aussehen an dicken Schnittlauch. In einer Länge von 10 bis 15 cm ähnelt der Lauch geschmacklich einer milden Zwiebel mit zartem Aroma. *Asatsuki* wird fein geschnitten und als Gewürz oder — in Suppen — als Garnierung gebraucht.

Wakegi (Lauch von Schalotten): Der Lauch wird etwa 20-30 cm hoch, ist etwas dünner und weicher und zarter im Geschmack als *negi*, obwohl er ebenso verwendet wird. Er schmeckt besonders gut, wenn er 1 bis 2 Sekunden blanchiert wurde.

Renkon (Lotoswurzel): Der Wurzelstock des Wasserlotos ist reich an Stärke und Vitamin C. Erstklassige Wurzeln haben eine cremefarbene Haut, eine nur leicht gebogene Form und wenige, nicht zu große Löcher. Um ihnen den leicht bitteren Geschmack zu nehmen, werden sie kurz in Essigwasser eingeweicht. Sie finden ihre Verwendung hauptsächlich bei essiggegarten Gerichten (*sunomono*), mit gewürzten gekochten *nimono*-Gerichten und als Beilage.

Saya-endo (Zuckerschoten): Zuckerschoten sind zarte, junge Erbsen mit einem eßbaren Schalenteil und noch kaum entwickelten Früchten. Sie sind klein, glatt, saftig und knackig. Man kann sie nach einer kurzen Garzeit mit einem Dressing vermischen, als Beilage reichen oder als Garnierung benutzen.

Shiitake (chinesische schwarze Pilze): Diese großen Pilze werden frisch oder getrocknet verkauft, wobei die getrockneten mehr Geschmack und Aroma haben, aber vor dem Gebrauch eingeweicht werden müssen. Frische Pilze werden an *nabemono*-Gerichte, getrocknete an Reis- und Gemüsegerichte gegeben.

Shiso-Blätter (Beefsteak Pflanze): Diese Blätter, von denen es eine purpurrote (*aka-jiso*) und eine grüne Sorte (*ao-jiso*) gibt, sind in Europa unbekannt. Man kann statt dessen eventuell eingelegte Weinblätter nehmen. Die Blätter werden fein geschnitten mit Reis oder eingelegtem Gemüse vermischt oder für *sashimi* verwendet.

Shoga (frischer Ingwer): Die Ingwerwurzel hat ein kräftiges Aroma und einen leicht beißenden Geschmack. In Japan ist sie sowohl als Gewürz, als auch als Beilage geschätzt. Marinierte Ingwersprossen (*hashoga*) geben gegrilltem Fisch eine besondere Würze. Frische, geschälte Ingwerwurzel, in hauchdünne Streifen geschnitten, dienen zum Würzen von Fisch- und *tofu*-Gerichten oder *sushi*.

Takenoko (Bambussprossen): In Europa werden Bambussprossen ausschließlich in Dosen angeboten. Das kräftige Fleisch hat einen milden Geschmack und kann damit mit vielen anderen Zutaten kombiniert werden, ohne aber fremde Aromen zu stark anzunehmen oder sie zu überdecken. Häufig wird Bambus als Beilage serviert.

GETREIDE, SEETANG VARIATIONEN UND VERARBEITETE LEBENSMITTEL

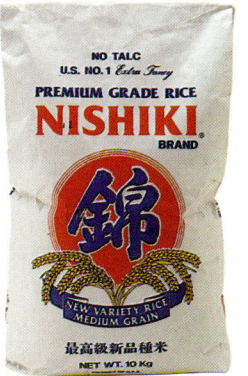
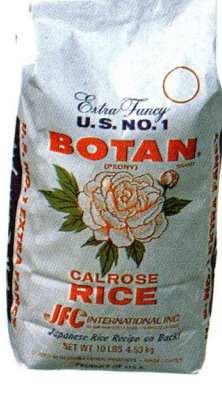

Buchweizennudeln (*soba*)

Reis (*kome*)

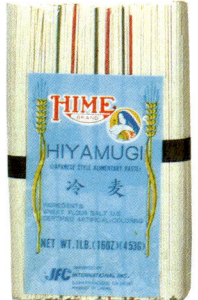

getrocknete Weizennudeln (*udon*),
die kalt gegessen werden

dicke, japanische Weizennudeln
(*udon*), die heiß gegessen werden.
Oben und Mitte: getrocknet
unten: roh

getrockneter Seetang
(zwei Sorten von *nori*)

pulverisierter *nori*
(*ao-nori*)

Bohnenfäden (*harusame*)

von links: getrockneter
Seetang (*konbu*)
Seetangextrakt (*konbu-dashi*)

getrockneter
Blaufisch
(*katsuo-
bushi*)

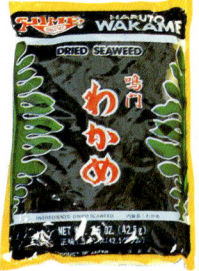

eine Seetangart (*wakame*)

getrocknete Kürbisstreifen (*kampyo*)

von links: verschiedene Arten von
Blaufischflocken (*kezuri-bushi*)
und Blaufischextrakt (*katsuo-dashi*)

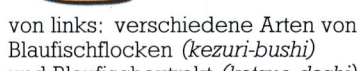

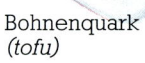
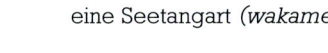

dünner, fritierter *tofu*
(*abura age*)

dicker, fritierter *tofu*
(*atsu-age*)

Bohnenquark
(*tofu*)

verschiedene Arten von *konnyaku*,
oben links: dicke „Nudeln", rechts: *shirataki*

WÜRZEN, GEWÜRZE
UND KEIME (SAMEN)

mirin: links normaler (hon-mirin),
rechts: mirin mit zusätzlichen
Gewürzen (aji-mirin)

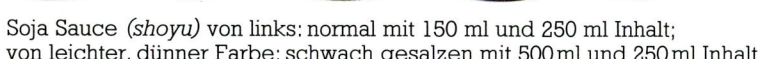

Soja Sauce (shoyu) von links: normal mit 150 ml und 250 ml Inhalt;
von leichter, dünner Farbe; schwach gesalzen mit 500 ml und 250 ml Inhalt

Reiswein (sake)

Zwei Sorten von Sojabohnenpaste (miso)

Reisessig (su): links einfach
(yone-zu), rechts mit Gewürzen
(sushi-zu)

von links: Suppenbasis für Nudeln und Tempura
(memmi), Sukiyaki Sauce, Teriyaki Sauce, Blaufischextrakt
(katsuo-dashi), Seetangextrakt (konbu-dashi)

frischer japanischer
Meerettich (wasabi)

wasabi Pulver

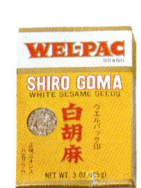

von links: weiße Sesamkörner, schwarze
Sesamkörner und Sesamöl (goma-abura)

links: stachelige Eschensamen
mit Hülle (mi-zansho),
rechts: Gewürz, das aus der
Samenhülle hergestellt
wird (sansho),

getrockneter roter
Pfeffer (togarashi)

Cayennepfeffer mit
sechs anderen Gewürzen
vermischt (shichimi-
togarashi)

GETREIDE, SEETANG VARIATIONEN UND VERARBEITETE LEBENSMITTEL

Harusame (Bohnenfäden): *Harusame* werden in verschiedenen Stärken meist aus der chinesischen Mung-Bohne hergestellt. Sie sehen wie durchscheinende Fäden aus und sollten beim Kochen nicht auseinanderfallen. Gegarte *harusame* gibt man an säuerlich gewürzte Gerichte (*sunomono*) und Eintopfgerichte, die bei Tisch gekocht werden (*nabemono*).

Kampyo (getrocknete Kürbisstreifen): Das Fleisch eines etwa 60 bis 90 cm langen Kürbis (*yugao*) wird geschält und in lange, dünne Streifen geschnitten, die anschließend getrocknet werden. Gute Qualitäten haben eine weiße Farbe und sind gleichmäßig dick. *Kampyo* besitzt ein charakteristisches, süßliches Aroma. Vor der Zubereitung werden die Streifen gewaschen, mit Salz eingerieben und 15 Minuten in lauwarmem Wasser eingeweicht. Anschließend kocht man sie in Wasser, bis sie weich sind. Erst dann werden sie gewürzt. Man verwendet sie für *sushi* und fügt sie gekochten Gerichten zu.

Katsuobushi (getrocknete Blaufischflocken): Der geschuppte, von Kopf, Schwanzflosse und Gräten befreite Blaufisch wird in drei gleichgroße Stücke geschnitten, die man zuerst dämpft, dann zu ganz harten Blöcken trocknet. Mit einem „Blaufisch-Rasierer" werden von den Blöcken dünne Flocken abgeschabt, die als Suppenbasis (*dashi*) dienen. Ein Block von hoher Qualität fühlt sich hart und schwer an, glänzt an der Oberfläche und die Rotfischanteile sind von schwarzbrauner Farbe. Die Flocken werden meist vakuumverpackt, weil sie durch Sauerstoffeinwirkung rasch an Aroma und Würzkraft verlieren.

Kome (roher Reis): Eine japanische Mahlzeit ohne Reis ist selten. Unpolierter Reis wird *genmai* genannt. Weißer, polierter Reis ist *genmai*, von dem die Kleiehülle entfernt wurde. Japanischer Reis ist im Gegensatz zu dem außerhalb Asiens üblichen langkörnigen Reis kurz- und rundkörnig. Nach den Anbaumethoden unterscheidet man die Naß-Reispflanze, die auf bewässerten Feldern angebaut wird, und die Hochland-Reispflanze, die auf trockenen Feldern wächst. Außerdem unterscheidet man Reis je nach seinem Stärkegehalt in klebende und nicht-klebende Typen. In Japan wird fast ausschließlich der nichtklebende Naßland-Reis angebaut.

Konbu (getrockneter Seetang): *Konbu* ist eine Seetangart, die hauptsächlich für die Zubereitung von Fischbrühen (*dashi*) und als Würze für einige gekochte Gerichte verwendet wird. Erstklassiger *konbu* hat eine grünbraune bis schwarze Farbe und ist mit einer weiß-pudrigen Schicht überzogen, die vor der Zubereitung vorsichtig mit einem feuchten Tuch abgetupft werden muß, auf keinen Fall abgewaschen werden darf.

Konnyaku (durchscheinender, geleeartiger Würfel, der aus der Stärke einer „Teufelszunge" genannten Wurzel bereitet wird): Die Pflanze, aus deren Wurzelstärke *konnyaku* hergestellt wird, heißt in Japan *konnyaku imo*. *Konnyaku* ist sehr kalorienarm, aber reich an Ballaststoffen, die die Verdauung anregen. Dennoch sollte *konnyaku* nicht im Übermaß genossen werden, da er auch nur wenige Nährstoffe enthält. Man sollte ihn stets mit nähr- stoffreichen Zutaten kombinieren, zum Beispiel in gekochten Gerichten oder Gerichten, die mit einem Dressing gewürzt werden.

Shirataki (durchscheinende, geleeartige Nudeln): Diese Nudeln werden aus zu „Fäden" zerteiltem *konnyaku* bereitet und meist an Eintopfgerichte, die bei Tisch gekocht werden, oder Gerichte mit einem Dressing gegeben.

Nori (getrockneter Seetang): *Nori* ist der auf besondere Art bearbeitete Blatteil eines weichen Seetangs. *Nori* hat wenig Kalorien, enthält aber reichlich Jod und Karotin. *Nori* wird solange getröstet, bis er ein zartes Aroma hat und leicht knusprig wird. Er ist eine besonders wichtige Zutat bei *sushi*, wird aber auch an frittierte Gerichte oder über Reis und Nudeln gegeben, um den Geschmack abzurunden. Im Handel sind *yaki-nori* (gerösteter Seetang), *aji-tsuke-nori* (gewürzter Seetang), *ao-nori* (pulverisierter Seetang, den man über das Essen streut *nori-tsukudani* (in Soja Sauce und Gewürzen eingekochter Seetang) und einige Varianten.

Soba (Buchweizennudeln): Es gibt *soba* aus reinem Buchweizenmehl, meist aber werden Stärke, Eier und andere Bindemittel zugefügt. Mit Wasser wird ein glatter Teig bereitet, der gründlich geknetet werden muß und dann in feine Streifen geschnitten wird. In Japan gibt es drei Formen von *soba*: roh (*nama-soba*), gekocht (*yude-soba*) und getrocknet (*hoshi-soba*). Die gekochten Nudeln werden mit einer Brühe auf Soja-Saucen-Basis übergossen und dann nach und nach in einer nebenher servierten Brühe getunkt. Dazu gibt es als Gewürze fein geschnittene Zwiebeln oder das *shichimi togarashi* genannte scharfe Pfeffergemisch.

Tofu (Bohnenquark): *Tofu* wird aus Sojabohnen hergestellt, ist kalorienarm und enthält viel hochwertiges Eiweiß und Kalzium. *Tofu* gibt es auch in Europa frisch, in Lake eingelegt und vakuumverpackt, in Dosen oder Gläsern oder als Pulver, das man selber anrühren kann, zu kaufen. *Tofu* kann kalt oder warm auf alle möglichen Arten zubereitet gegessen werden.

Abura-age (dünner, fritierter *tofu*): Dazu wird *tofu* in dünne Scheiben geschnitten, entwässert und in Öl ausgebacken. Es gibt eine dünne Sorte (*usu-age*) und eine etwas dickere (*atsu-age*). Wenn man von *abura-age* spricht, ist immer die dünne Sorte gemeint. Vor der Zubereitung wird fritierter *tofu* mit heißem Wasser übergossen, um das Fett besser abtupfen zu können.

Udon (dicke Weizennudeln): Den Teig bereitet man aus Mehl, etwas Salz und Wasser. Der Teig wird gut durchgeknetet und kräftig geschlagen, dann ausgerollt und zu kleinen dicken Nudeln geschnitten. Nach dem Kochen werden die Nudeln mit einer auf Soja Sauce basierenden Brühe übergossen oder in Brühe getaucht und als Beigericht serviert. Dazu gibt es verschiedene Gewürze, wie fein geschnittene Zwiebeln oder *shichimi togarashi*. Variationen von *udon* sind *hiyamugi*, eine Nudelart, die kalt gegessen wird, und *somen*, eine sehr delikate Nudelsorte. Sie unterscheiden sich nicht nur in der Größe, sondern auch in der Art der Zubereitung.

Wakame (eine Seetangart): *Wakame* ist ein 60 bis 100 cm großes Seetangblatt, das *nori* ähnelt, meist aber roh in den Handel kommt. *Wakame* wird aber auch getrocknet und gesalzen oder nur getrocknet verkauft. *Wakame* wird vor allem für Salate verwendet.

WÜRZEN, GEWÜRZE UND KEIME (SAMEN)

Goma (Sesamkörner): Es gibt drei Arten: Schwarze, weiße und braune. Schwarzer Sesam hat große Samen und liefert einen hohen Ertrag, die Samen sind jedoch weniger fetthaltig. Weiße Samen sind klein und auch die Ernteerträge sind geringer, haben aber eine bessere Qualität. Braune Sesamsamen sind qualitativ den schwarzen ähnlich. Welche Sesamkörner verwendet werden, hängt von der jeweiligen Gericht ab, für das sie gebraucht werden. Meist werden die Körner leicht oder ganz geröstet und zermahlen. Man bereitet daraus Saucen und Dressings oder streut die Körner über ein fertiges Gericht.

Goma-abura (Sesamsamen-Öl): Dieses aus hochwertigen Sesamsamen gepreßte Öl hat einen sehr guten Geschmack, es ist reich an ungesättigten Fettsäuren und enthält viel pflanzliches Eiweiß. Es wird häufig mit Salatöl vermischt, aber auch zum Braten und für *tempura* benutzt.

Mirin (süßer Reiswein zum Kochen): Dieser Reiswein wird aus *mochi-gome*, einem kurzkörnigen, sehr stärkehaltigen Reis gewonnen und in Japan *honmirin* genannt. Sein Alkoholgehalt liegt zwischen 13 bis 22 Prozent, sein Zuckergehalt zwischen 25 bis 38 Prozent. *Mirin* wird niemals getrunken, sondern ausschließlich zum Würzen von gekochten oder gegrillten Gerichten benutzt. Außerdem gibt es noch gewürzte Varianten, die als *aji-mirin* bezeichnet werden.

Miso (Sojabohnenpaste): Die halbfeste Paste aus gegorenen Sojabohnen ist ein charakteristisches Gewürz der japanischen Küche. Man unterscheidet je nach der Malzsorte, die dem Sojabohnenmus zugefügt werden, in Reis-*miso* (*kome-miso*), Gersten-*miso* (*mugi-miso*) und Sojabohnen-*miso* (*name-miso*). Weitere Unterscheidungsmerkmale sind Salz- und Stärkegehalt und die Farbe. *Miso* kann für fast alle Gerichte verwendet werden und natürlich für die *miso*-Suppen. *Miso* verträgt keinen Sauerstoff, darum sollte man anbegrochene Packungen stets gut verschlossen im Kühlschrank aufbewahren und innerhalb eines Monats aufbrauchen.

Sake (Reiswein): Er wird aus Reis gebraut und oft auch „nihon-shu" (japanischer Wein) genannt. Sein Alkoholgehalt liegt zwischen 15 und 17 Prozent. Er wird sowohl getrunken, als auch als spezielle Würze benutzt, so wie die europäische Küche trockenen Sherry für die Geschmacksgebung einsetzt.

Sansho Puder (Gewürz aus stacheligen Eschensamen): Die Außenhülle der reifen *sansho*-Samen wird getrocknet und pulverisiert. Es hat ein außergewöhnliches Aroma und seine eigenartige Würze läßt sich mit keinem Gewürz der westlichen Küche vergleichen. Man würzt damit vor allem Suppen und gekochten Fisch. Unreife *sansho*-Schalen mit Schale (*mi-zahnso*) werden zum Würzen von Präserven verwendet oder mit Soja Sauce (als *tsukudani*) eingekocht.

Shichimi togarashi (Cayennepfeffer mit 6 anderen Gewürzen): Roter Pfeffer wird mit gleichen Teilen *sansho*, Leinsamen, Mohn, schwarze Sesamkörner, Tangerinenschalen und *shiso*-Samen zu diesem scharfen Gewürz gemischt, das nur sehr sparsam an Nudel-Gerichte, Eintopfgerichte, die bei Tisch gekocht werden, *yakitori* und andere Gerichte gegeben wird.

Aka-togarashi (Roter Pfeffer): Die ursprünglich grüne, dann im reifen Zustand rote, sehr scharfe Pfefferschote kann im Ganzen oder gemahlen als Würze verwendet werden. Bei ganzen Schoten sollte man die extrem scharfen Kerne aus der Schote nehmen, ehe man diese — zerschnitten — an die Gerichte gibt. Pfefferschoten würzen eingelegte Gemüse und nehmen Fischgerichten zu strengen Geruch.

Shoyu (Soja Sauce): Soja Sauce ist das bekannteste flüssige Gewürz der japanischen Küche. Am gebräuchlichsten sind *koi-kuchi-shoyu* (normale Soja Sauce) und *usu-kuchi-shoyu* (leicht gefärbte Soja Sauce). Die beliebteste Marke in Japan ist Kikkoman Soja Sauce.

Koi-kuchi-shoyu (Kikkoman Soja Sauce) hat eine tiefe, rot-braune Farbe, einen abgerundeten Geschmack und ein volles Aroma. Sie ist sehr anpassungsfähig und kann darum an alle pikanten Gerichte gegeben werden, sei es, um den Geschmack abzurunden, sei es, um bestimmte Aromastoffe erst zu erschließen.

Kikkoman Milder Soy Sauce mit einem niedrigeren Salzgehalt wird im Ursprung ebenso gebraut wie *koi-kuchi-shoyu*, um das volle Aroma zu erreichen, dann jedoch wird ihr etwa 45% Salz entzogen. Diese Sauce wird vor allem zum Nachwürzen auf den Tisch gestellt.

Auch *usu-kuchi-shoyu* wird wie die reguläre Soja Sauce gebraut, aber unter sehr strengen Kontrollen, um die Farbintensität zu regulieren. Diese helle Sauce wird vor allem für solche Gerichte gebraucht, die durch die normale Soja Sauce ihre Farbe negativ verändern würden, zum Beispiel helle Gemüse- oder Fleischsorten.

Außerdem gibt es noch *tamari-shoyu*, eine Sauce, die ausschließlich aus Sojabohne zubereitet. Sie wird vorwiegend in *sushi*-Restaurants verwendet aber kaum in der häuslichen Küche.

Su (Essig): Dieser Essig enthält zwischen 3 und 5 Prozent Essigsäure. Es gibt natürlich gebraute und synthetische Sorten, die natürlichen sind aber vorzuziehen, weil sie süßer und milder im Geschmack sind. Am besten sind Essigsorten, die aus Reis und *sake*-Hefe bereitet werden. Essig ist das wichtigste Gewürz bei der *sushi*-Bereitung, für *sunomono*-Gerichte und für eingelegte Gemüse.

Teriyaki-Sauce: Sie wird aus natürlich gebrauter Soja Sauce, Wein, Essig, Gewürzen und Zucker gemischt. Man verwendet sie als Marinade oder Würzflüssigkeit bei allen Grillgerichten, insbesonders für *teriyaki* und *yakitori*.

Sukiyaki-Sauce: Eine speziell für *sukiyaki* entwickelte Sauce auf Soja-Saucen-Basis, der Zucker und Reiswein zugefügt wurde.

Memmi (Suppenbasis für Nudeln und *tempura*): Soja Sauce wird mit Zucker, Blaufischextrakt und Reiswein zu einer stark konzentrierten Suppenbasis vermischt, die man mit beliebig viel heißem oder kaltem Wasser auf die gewünschte Konsistenz bringen kann. *Memmi* wird zum Würzen von Nudelsuppe oder als Dip für *tempura* verwendet.

Katsuo-dashi (flüssiger Blaufischextrakt) und *konbu-dashi* (flüssiger Seetangextrakt): Beide werden aus natürlichen Zutaten hergestellt und sind sehr praktisch zur raschen *dashi*-Bereitung.

Wasabi: (japanischer Meerrettich): *Wasabi* ist sehr scharf und hat einen scharf-beizenden Geruch. Er wird frisch pulverisiert oder als Würzpaste verkauft. Frischer *wasabi* wird gerieben. *Wasabi*-Pulver muß in Wasser aufgelöst werden. Grundsätzlich darf *wasabi* seiner Schärfe wegen nur sparsam verwendet werden.

SINCE 萬 1630

In diesem, GOYOGURA genannten Gebäude wird von Kikkoman ausschließlich Soja Sauce für den kaiserlichen Haushalt hergestellt.

Kikkoman Soja Sauce – eine lange Geschichte

Gebraute Soja Sauce gibt es bereits seit etwa 2.500 Jahren. In Japan hatte die Kunst der Soja-Saucen-Bereitung schon im 16. Jahrhundert einen extrem hohen Standard erreicht. Die Soja Sauce von Kikkoman wurde erstmals im Jahre 1630 hergestellt. Sie hat sich bis heute ihren besonderen Ruf als „Gewürz für alle Gelegenheiten" erhalten.

Für die japanische Kochkunst ist Soja Sauce unerläßlich, aber auch viele europäische Gerichte lassen sich durch sie verfeinern und geschmacklich verbessern. Sie wird nicht nur zum Nachwürzen verwendet, sondern ebenso für Marinaden, Beizen und in Kombination mit anderen Gewürzen.

Das Geheimnis der hervorragenden Qualität der Kikkoman Soja Sauce liegt in dem Herstellungsprozeß, der mit einer trockenen Maische (koji) aus gleichen Teilen gekochten Sojabohnen und geröstetem Weizen beginnt. Der Maische wird ein sogenannter Starter zugefügt, um den Gärprozeß in Gang zu bringen.

Später werden gleiche Teile Maische und Salzwasser vermischt und der Brauprozeß beginnt. Dabei wird durch die Aktivität von Enzymen und Mikroorganismen in der nassen Maische (moromi) das Protein der Sojabohnen in Aminosäuren umgewandelt. Die Weizenstärke wird in Zucker umgewandelt, von dem sich ein Teil im Verlauf des weiteren Gärprozesses in Säuren umwandeln.

In der nassen Maische bilden sich außerdem Hefepilze, die einen Teil des Zuckers in Alkohol umsetzen.

Alle diese natürlichen Vorgänge ergeben den besonderen Geschmack, das Aroma und die Farbe der Kikkoman Soja Sauce im Laufe des 6 Monate dauernden Brauvorgangs.

Kikkoman Soja Sauce ist also ein reines Naturprodukt im Gegensatz zu vielen anderen Soja Saucen, denen neben synthetischen Chemiekalien, wie zum Beispiel Salzsäure, Zucker-Couleur und weiter Hilfsmittel zugefügt werden.

Außerdem enthält die Soja Sauce von Kikkoman mehr als 270 Aromakomponenten, welche man z.B. auch in Brandy und Whisky finden kann. Die drei Hauptgruppen sind dabei Aromen der Zitrusfrüchte, Vanilin und Röststoffe. Die Kombination aller Stoffe bringt den dezenten aber vollen Geschmack der Soja Sauce zur Vollendung, so daß sie sich zu Recht ihren Namen als „flüssiges Gewürz" gemacht hat.

Kikkoman Soja Sauce ist ein Naturprodukt von höchster Qualität und darum auch nicht unbegrenzt haltbar. Eine geöffnete Flasche sollte nach jedem Gebrauch wieder fest verschlossen und in den Kühlschrank oder an einen anderen kühlen Platz gestellt werden. Zu hohe Temperaturen und Sauerstoffzufuhr können nach einiger Zeit Geschmack, Aroma und auch die Farbe der Soja Sauce beeinflussen, darum sollte man jede Flasche nach etwa einem Monat verbraucht haben.

GESUND UND FIT MIT JAPANISCHER KOST

Japanische Kost wird mehr und mehr für Westeuropäer interessant, die Probleme mit ihrer Figur oder ihrer Gesundheit haben, oder die einfach nur schlank und fit sein wollen. *Sushi*-Restaurants gewinnen hierzulande zunehmend neue Gäste. *Tofu*, japanischer Reis und auch die Seetangarten haben inzwischen einen festen Platz auf manchem europäischen Speiseplan.

Warum japanische Kost so gesund ist

Reis, Fisch, frische Gemüse und alle Sojabohnenprodukte, die alle Grundpfeiler der japanischen Küche darstellen, sind nicht nur ernährungs-physiologisch von höchstem Wert, sie sind auch sehr kalorienarm. Außerdem werden sie auf japanische Art ganz besonders schonend zubereitet, wodurch die wichtigen Nährstoffe fast vollständig erhalten bleiben und alles einen ausgezeichneten Geschmack bekommt. Zwar ist auffallend, daß einige schwere Öle verwendet werden, jedoch um die natürlichen Aromen der Zutaten zu unterstreichen — nur in den nur eben notwendigen Mengen.

Fische und Schalentiere, die so frisch wie möglich sein müssen, werden als *sashimi* bereitet, also roh. Aber auch bei den Garmethoden Kochen, Grillen, Backen und Dämpfen wird immer die kalorienärmste und geschmackserhaltendste Möglichkeit gewählt.

Unentbehrliche Zutaten dabei sind Soja Sauce, *miso*-Paste, *sake* (Reiswein), Reisessig und *mirin* (süßer Reiswein zum Kochen). Damit wird nicht nur typisch japanisch gewürzt, sondern die Eigenaromen der Grundzutaten werden dadurch auf natürliche Weise unterstrichen.

Wenn man den Nährwertstandpunkt betrachtet, so bietet japanische Kost einen bequemen Weg, sich mit wenig Kalorien ausreichend zu sättigen, indem vor allem auf schwere tierische Fette zugunsten einer ausgewogenen Mischung von tierischem und pflanzlichem Eiweiß verzichtet wird.

Ein Hauch Japan in der westlichen Küche

Nach seit Generationen im japanischen Haushalt gepflegtem Muster besteht die Hauptmahlzeit aus einem „Eine-Suppe-drei-Gerichte-Menü", womit eine Schale Suppe, ein Hauptgericht aus Fisch, Fleisch oder einem anderen eiweißreichen Nahrungsmittel und zwei Beigerichte gemeint

sind. Dazu gehört zusätzlich selbstverständlich immer Reis.

Dieses Muster in leicht auf die europäischen Eßgewohnheiten zu übertragen, da es in wesentlichen Punkten mit den europäischen Maßstäben für eine ausgewogene Kost übereinstimmt.

Hingegen werden europäische Diäten häufig mit Milchprodukten verbunden, was wiederum für die japanische Küche fremd ist.

Dennoch lassen sich auch für Diäten Speisepläne aufstellen, die für Frühstück und Mittagessen alle europäischen Grundzutaten beinhalten, dennoch für das Abendessen (ersatzweise die Mittagsmahlzeit) das japanische Grundmuster erlauben, ohne eine erhöhte Kalorienmenge zu liefern.

Auch im heutigen Japan sind die Eßgewohnheiten „westlicher" geworden, das heißt, man kann durchaus an einem Tag die Mahlzeiten in verschiedenen Stilen bereiten, für die eine Mahlzeit europäische oder amerikanische Maßstäbe, für die andere japanische bevorzugen. Bei einer geschickten Mischung kann dieser Wechsel sich sogar positiv auf die ernährungsphysiologische Situation auswirken, zumal wenn man eine japanische Mahlzeit zum Grundbestandteil des gesamten Tageplans macht.

GRUNDSÄTZLICHES ÜBER DIÄTEN

Wie schon erwähnt wurde, ist die japanische Küche eine sehr gesunde und damit auch für Reduktionsdiäten sehr gut geeignet. Um auf gesunde Weise abzunehmen, muß man eine ausgewogene Mischung vieler verschiedener Nährstoffe wählen, damit die Gewichtsabnahme nicht zu rasch erfolgt und dem Körper keine für seine Gesunderhaltung wichtige Nährstoffe fehlen.

Unkontrolliertes Essen führt zu Übergewicht

Übergewicht entsteht nicht einfach dadurch, daß man zuviel ißt. Vielmehr ergeben ein Zuviel an zugeführter Energie und ein Zuwenig vom Körper verbrauchte Energie diesen Zustand. Mit anderen Worten: Wer mehr Kalorien durch Essen und Trinken zu sich nimmt, als der Körper durch Arbeit und Bewegung verbrennen kann, wird unweigerlich dick. Die überschüssigen Energien werden vom Körper als Fettdepots gespeichert. Umgekehrt nimmt man ab, wenn dem Körper weniger Energie zugeführt wird, als er benötigt. Dann greift er die Depots an und das Gewicht verringert sich.

Es reicht aber nicht, einfach nur die Nahrungsaufnahme zu verringern. Fasten oder ähnliche drastische Kuren würden natürlich einen schnellen Gewichtsverlust herbeiführen. Andererseits kann ein so empfindlicher Mechanismus wie der menschliche Körper dadurch ganz erheblich gestört werden, wenn er außer quantitativen auch qualitative Verluste bei wichtigsten Nährstoffen hinnehmen müßte. Unser Körper ist sehr abhängig von dem was wir essen oder trinken. Er kann zwar auf einige unnötige Dinge verzichten, der

Verlust bestimmter Nahrungsmittel aber würde ihm schaden und die Leistungsfähigkeit erheblich herabsetzen.

Darum ist es wichtig, bei einer Reduktionsdiät Gerichte zuzubereiten, die sowohl alle wichtigen Nährstoffe enthalten, als auch den Gaumen erfreuen, was durch Gewürze leicht zu erreichen ist. Da aber das Auge immer mitißt, sollten alle Speisen so angerichtet werden, daß optisch ein Eindruck von „viel" entsteht.

Regelmäßige Mahlzeiten sind wichtig

Es ist ein Fehler zu glauben, daß mit dem Auslassen bestimmter Mahlzeiten ein Gewichtsverlust erzielt werden kann. Je länger die Intervalle zwischen den einzelnen Mahlzeiten werden, umso stärker wird die genossene Nahrung vom Körper absorbiert und verarbeitet, um eventuell sogar wieder als Reserven gelagert zu werden.

Mindestens drei Mahlzeiten pro Tag sind notwendig, um einen ausgewogenen Rhythmus zu schaffen. Man kann durchaus ein kräftiges Frühstück und Mittagessen zu sich nehmen, sollte dann aber ein ganz leichtes Abendessen wählen, da die meisten Menschen nach dem Abendessen viel weniger aktiv sein müssen, als nach

dem Mittagessen. Außerdem wird alle Nahrung, die man in einer Phase der Ruhe genießt, vom Körper viel langsamer abgebaut und kann sich leicht in Fett umsetzen, das während des Schlafens wiederum im Körper gespeichert wird und zu Gewichtsaufnahme führt.

Ideal ist es darum, als Abendessen eine kalorienarme, jedoch eiweißreiche Mahlzeit zu wählen.

1.600 Kilokalorien als tägliche Höchstmenge nehmen

Die Kalorien- und damit die Energiemenge, die jeder Mensch täglich braucht, ist abhängig von seinem Geschlecht, seinem Alter, seiner Größe, seiner beruflichen Tätigkeit und seinen sonstigen Aktivitäten. Daß jemand, der in seiner Freizeit Sport treibt, mehr Energie verbraucht als jemand, der seine Freizeit mit einem Buch oder vor dem Fernsehapparat verbringt, dürfte allgemein bekannt sein. Die ideale Kombination von Energiezufuhr und Energieverbrauch ist also nur individuell berechenbar.

Dennoch geht dieses Buch von einem Standardmuster aus, das nicht mehr als rund 1.600 Kilokalorien pro Tag als Energiezufuhr beinhaltet. Diese Kalorienmenge etwa benötigt eine durchschnittliche Hausfrau. Wie die unten stehende Tabelle jedoch zeigt, kann man diese Kalorienmenge in so hochwertigen Nahrungsmitteln zu sich nehmen, daß sie allen Nährwertbedürfnissen auch von jenen Menschen gerecht werden, die nach herkömmlicher Meinung einen wesentlich höheren Energiebedarf haben. Dieses

Standardprogramm wurde nicht nur für diejenigen erarbeitet, die abnehmen wollen, sondern auch für die, die eine tägliche gesunde Kost möchten, um ihre Vitalität und einen schlanken Körper zu erhalten. Selbstverständlich kann von diesem Grundmuster bei einem normalen Gewicht beliebig abgewichen werden, sofern das Gewicht dadurch nicht negativ beeinflußt wird. Wer auf eine stark reduzierte Nahrungsmittelzunahme negativ reagiert, kann auf andere Weise sein Gewicht reduzieren: Durch den Verzicht auf Getreideprodukte, Zucker und Fett. Da die Mehrzahl der übergewichtigen Menschen weit mehr als diese 1.600

Kilokalorien täglich aufnehmen, wäre eine Reduzierung auf diese Menge der beste Weg, um einen nachhaltigen Gewichtsverlust zu erzielen.

Wie aber soll man satt werden, wenn man nur diese geringe Kalorienmenge täglich aufnehmen darf? Die Menü-Pläne auf den folgenden Seiten beweisen, welche Menge an verschiedenen Nahrungsmitteln man täglich essen darf und kann und dennoch in der erwähnten Grenze bleibt. Wichtig ist, daß die einzelnen Mahlzeiten sehr verschieden und durchaus dem individuellen Geschmack entsprechend austauschbar sind.

Langsames Abnehmen ist wichtig

Eine zu drastische Nahrungs-mittelverringerung um Gewicht zu verlieren, hat zwar sicherlich den Erfolg, daß die Pfunde schnell purzeln. Andererseits aber sind derart rapide Maß-nahmen für den Körper schäd-lich, der Teint, die Haut, die Haare und auch das gesamte Wohlbefinden würden leiden. Vernünftiger, gesünder und auch in der Langzeitwirkung erfolgversprechender ist es, pro Woche nicht mehr als 1/2 bis 1 Kilo abzunehmen. Auf diese Weise wird auch das Hungergefühl nie zu groß sein und der Körper bekommt alle Nährstoffe, die er braucht.

AUSTAUSCHBARE NAHRUNGSMITTEL FÜR EINE 1.600-KALORIEN-DIÄT PRO TAG

Nährwert	Nahrungsmittel-Art	Beispiel mit empfohlener Menge	Gewicht = netto
Um eine ausgewogene Ernährung zu erhalten Kalzium Vitamin B2	Milch, Milchprodukte Eier	Milch Hühnereier	300 ml 50 g (eins)
Um Gewebe und Blut zu bilden Eiweiß, Öle und Fette, Vitamin B 1, B 2 Kalzium	Fisch Schalentiere Fleisch Bohnen, Bohnenprodukte	Forelle 50 g Rindfleisch 50 g *tofu*	100 g 1/3 Block
Um die Funktion des Körpers zu erhalten Vitamine A, C Mineralstoffe	grünes Blattgemüse, gelbe und rote Wurzelgemüse Andere Gemüse Knollen Obst	Spinat, Möhren Kohl, Sellerie, Kartoffeln süße Kartoffeln jede Art	100 g 200 g 100 g 200 g

PRODUKTE, DEREN MENGEN ERHÖHT ODER VERMINDERT WERDEN KÖNNEN

Um Kraft zu bilden und die Körpertemperatur zu halten Kohlehydrate Öle und Fett	Getreide Zucker Öle und Fett	Brot oder einfacher Reis Zucker Gemüseöl, Butter	240 g (4 Scheiben) 450 g (3 Schalen) 20 g 20 g

Diese Tabelle erarbeitete das Frauenkolleg für Ernährung in Tokio

	MONTAG	**DIENSTAG**
FRÜHSTÜCK	Toast (eine Scheibe oder 60 g Brot), 1/2 Eßlöffel Butter, 1 weichgekochtes Ei, gemischter Salat mit Käse, (25 g Gurke, 25 g Kopfsalat, 20 g Sellerie, 1/2 Eßlöffel Essig und Öl, Salz und Pfeffer), Milchkaffee oder Milchtee (Kaffee oder Tee mit 150 ml Milch), 150 g Obst nach Wahl ca. 590 kcal	Getreideflocken (25 g Getreideflocken, 200 ml Milch, 1 Teelöffel Zucker) Rühreier mit Spinat und Tomaten (25 g Spinat, 50 g Tomaten, 1 Ei, Salz, Pfeffer, 1/2 Eßlöffel Butter oder Öl) 200 ml frischer Orangensaft ca. 440 kcal
MITTAGESSEN	Reis garniert mit Rindfleisch (reduzieren Sie die Reismenge um die Hälfte, Seite 83) *Miso*-Suppe mit *tofu* und chinesischen, schwarzen Pilzen (Seite 11) Eingelegtes Gemüse (Seite 66) ca. 560 kcal	Käsetoast (1 Scheibe oder 60 g Brot, 20 g Käse, 1/2 Eßlöffel Butter), Thunfischsalat mit *wakame* und Soja-Saucen-Dressing (Seite 30) 1 Tasse Kaffee ohne Zucker und Milch ca. 505 kcal
ABENDESSEN	Fisch mit Gemüsen in Alufolie (Seite 19) Muschelsalat *miso* Dressing (Seite 31) Aromatisches Kürbisgericht (Seite 70) Japanische Eierflockensuppe (Seite 10) 80 g einfacher Reis ca. 470 kcal	Mariniertes, fritiertes Hühnerfleisch (Seite 39) Sojabohnensprossen-Salat mit Essigsauce (Seite 66) Reis mit grünen Erbsen (reduzieren Sie die Reismenge um die Hälfte) (Seite 86) Klare Suppe mit Shrimps und Okra (Seite 10) ca. 655 kcal
	Gesamtkal. ca. 1.620 kcal	ca. 1.600 kcal

Der hier aufgestellte Wochenplan beinhaltet pro Tag nur rund 1.600 Kilokalorien und beruht hauptsächlich auf japanischen Gerichten, deren Rezepte alle in diesem Buch enthalten sind. Die europäischen Gerichte sind mehr oder weniger Standardgerichte, wie sie in jedem Haushalt üblich sind. Die jeweiligen Kalorienmengen einer Gesamtmahlzeit wurden angegeben, um bei individuellen Veränderungen die Errechnung der Gesamtkalorienmenge pro Tag zu erleichtern.

Falls mehr Brot oder Reis gegessen werden sollte, muß man davon ausgehen, daß 60 g Brot 160 kcal, 150 g gekochter Reis 200 kcal enthalten. Beim Frühstück sollte man statt einer Scheibe

MITTWOCH

Schinken und Käse als offenes Sandwhich (1 Scheibe oder 20 g Schinken, 20 g Käse, 20 g Gurke, 25 g Tomate, 1 Teel. Butter, 1 Scheibe 60 g Brot Milchkaffee oder Milchtee (Kaffee oder Tee mit 150 ml Milch), Obst-Joghurt-Salat (50 g einfacher Joghurt, 25 g Kiwi, 50 g Apfel, 25 g Kopfsalat)

ca. 440 kcal

Gekochte Nudeln mit Huhn und Gemüse (reduzieren Sie die Nudelmenge um die Hälfte) (Seite 95), Süße Kartoffeln mit Zitronen (Seite 75)

ca. 620 kcal

Lachs-*tofu* Bällchen (Seite 97), Salat aus gekochtem Spinat mit Sesamsauce (Seite 67), *Miso*-Suppe mit Schweinefleisch und Frühlingszwiebeln (Seite 11), 80 g einfacher Reis

ca. 594 kcal

ca. 1.655 kcal

DONNERSTAG

Gleiches Früchstück wie Montag

ca. 590 kcal

Spaghetti mit Muscheln (60 g Spaghetti, 200 g Herzmuscheln, 2/3 Eßl. Olivenöl, weißer Wein, Knoblauch, Salz, Pfeffer und Petersilie), Japanische Gemüse-suppe (Seite 15), Gemüse-Salat (25 g Sellerie, 25 g Gurke, 20 g Möhren, 25 g langer, weißer Rettich, *miso*-Mayonaise-Dressing (aus 1/2 Eßl. Mayonaise und 1 Teel. *miso*)

ca. 545 kcal

Rindfleischröllchen mit Gemüse gefüllt (Seite 47) Salat aus grünem Spargel und Huhn mit Senfdressing (Seite 67), *miso*-Suppe mit *wakame* (Seite 11), (Variationen der *miso*-Suppen) 100 g einfacher Reis 100 g Obst nach Wahl

ca. 475 kcal

ca. 1.615 kcal

FREITAG

Getreideflocken (25 g Getrei-deflocken, 200 ml Milch, 1 Teelöffel Zucker) Bunter Salat (20 g Schinken, 20 g Käse, 25 g Gurke, 25 g Salat, 70 g Tomate, je 1 Eßlöffel Öl und Essig, Salz und Pfeffer, 200 ml frischen Orangensaft

ca. 485 kcal

Rindfleisch mit Kartoffeln und Zwiebeln (Seite 46), Frischer *tofu* mit Gewürzen (Seite 90), Eingelegte Gemüse (Seite 66), 80 g einfacher Reis

ca. 570 kcal

Tempura (reduzieren Sie die Gesamtmenge um die Hälfte) (Seite 22) Eierstich mit Hühnerfleisch, Shrimps und gemüse (Seite 94) Salat aus weißem Rettich und Möhren in Vinaigrette (Seite 67)

ca. 585 kcal

ca. 1.645 kcal

Toastbrot besser Graham- oder Roggenbrot wählen. Beide haben ein intensiveres Aroma und mehr Ballaststoffe, die für die Verdauung förderlich sind. Außerdem schmecken beide Brotsorten so gut, daß man sie auch ohne Butter oder Marmelade essen kann. Bei Eiern sollte man stets pochierte oder weichgekochte Eier den hartgekochten vorziehen, weil diese oft sehr trocken schmecken. Getreideflocken al-

ler Art (jedoch ohne Zucker- oder Honigzusätze) sind in jeder Diät empfehlenswert, weil sie viele Ballaststoffe enthalten und reich an Mineralien sind. Alle Arten von Nudeln sind sehr sättigend, man muß sich aber vor einem „Zuviel" hüten, darum sollte man sie stets mit reichlich Gemüsen und anderen kalorienarmen Zutaten vermischen, damit das Auge den Eindruck von einer üppigen Menge aufnimmt.

Es mag auf den ersten Blick ungewöhnlich erscheinen, fritierte Gerichte in eine Diät aufzunehmen. Wenn man jedoch ein nicht zu schweres Öl verwendet, es gut erhitzt und das Fritiergut nach dem Ausbacken gründlich abfettet, ist die Kalorienaufnahme sehr gering. Die Beilagen und die

	SAMSTAG	**SONNTAG**
FRÜHSTÜCK	Frühstück wie für Mittwoch ca. 440 kcal	Pfannenkuchen (1 Ei, 70 ml Milch, 70 g Mehl, 1 Teelöffel Backpulver, 1 Prise Zucker, 1 Prise Vanille-Extrakt, 1 Eßlöffel Butter, 50 g Hüttenkäse, 60 g Erdbeeren, 40 g Kiwi, 1/2 Eßlöffel Butter obendrauf)
MITTAGESSEN	Reis mit Hühnerhachée, Eiern und grünen Erbsen (reduzieren Sie die Reismenge um die Hälfte) (Seite 83) Klare Suppe mit *tofu* (Seite 11, Variation der klaren Suppen) Gekochter Spinat mit Dressing (Seite 67), Variantion des Salat aus gekochtem Spinat mit Sesamsauce ca. 580 kcal	Gemüse-Suppe (70 g Kohl, 20 g Sellerie, 100 g Kartoffel, 200 ml klare Brühe), 200 ml Milch ca. 815 kcal
ABENDESSEN	Gekochtes Schweinefleisch mit japanischer Sauce (reduzieren Sie die Schweinefleischmenge um die Hälfte, essen Sie es mit Senfsauce (Seite 51), Gemischtes Gemüse mit Huhn (Seite 70), Sojabohnen-sprossensalat mit Soja-Saucen Dressing (Seite 66), Klare Suppe mit Muscheln (Seite 10) ca. 580 kcal	*Sukiyaki* (Seite 54) Krabbensalat mit Seetang und Essigsauce (Seite 30) 150 g einfacher Reis ca. 770 kcal
	ca. 1.600 kcal	ca. 1585 kcal.

weiteren Mahlzeiten werden allerdings so gewählt, daß der erhöhte Kaloriengehalt der fritierten Nahrungsmittel berücksichtigt wird.

Wakame (Seetang) ist ein ideales Diätgemüse, da es keine Kalorien hat. Man kann damit Suppen, Eintöpfe und Salate anreichern und so mit einem gefüllten Teller die Täuschung von einer üppigen Mahlzeit hervorzurufen, ohne das Gericht mit zusätzlichen Kalorien anzureichern. Auch *tofu* bildet eine hervorragende Grundlage für eine gezielte Diät. Sein Kaloriengehalt ist niedrig, sein Anteil an pflanzlichem Eiweiß sehr hoch. Aus *tofu* und Gemüsen läßt sich ein leichter, aber sättigender Salat bereiten, der mit einer Essigsauce (Rezept Seite 68) übergossen wird. Wenn Sie Reis in Ihre Diät aufnehmen, sollten Sie die angegebenen Mengen niemals überschreiten, er wirkt zwar entwässernd, hat aber viele Kalorien.

Bei *sukiyaki* und anderen Gerichten, die am Tisch mit anderen Essern zusammen zubereitet werden, ist es schwierig, eine genaue Kalorienmenge einzuhalten. Essen Sie darum wenig von den sehr kalorienreichen Dingen, wie z. B. Fleisch, sondern versuchen Sie, sich mit kalorienarmen Dingen, wie *tofu,* Gemüse, Pilzen, sattzuessen.

112

WIE MAN GÄSTE AN DIE JAPANISCHE KÜCHE HERANFÜHRT

Wenn Sie Freunde haben, die die japanische Küche gerne kennenlernen möchten, kombinieren Sie am Anfang ein oder zwei japanische Menügänge mit europäischen Gerichten. Wählen Sie dazu japanische Gerichte, die sehr farbenfroh sind und geschmacklich gut zu den übrigen Gerichten passen. Später verringern Sie die europäischen Gerichte immer mehr, bis Sie endlich ein komplettes japanisches Menü servieren. Sie können dabei getrost nach dem europäischen Menümuster verfahren und mit einer Suppe beginnen (oder diese als Begleiter des gesamten Menüs reichen), dann einen Fischgang oder einen Salat reichen, anschließend ein Fleischgericht oder ein Gericht, das am Tisch gekocht wird. Der Salat oder ein Gemüsegang können ebenso jetzt folgen. Alle in diesem Buch vorgestellten Gerichte sind geeignet, zu einem Menü zusammengestellt zu werden.

Zuerst das Hauptgericht wählen

Bei der Wahl des Hauptgerichts sollten Sie sowohl die Vorlieben Ihrer Gäste, den Zweck der Party, die Tages- und auch die Jahreszeit berücksichtigen. Und wählen Sie vor allem ein Gericht, das Sie schon häufig bereitet haben und dessen Zubereitung Ihnen keine Schwierigkeiten mehr macht. Erst wenn das Hauptgericht feststeht, entscheiden Sie sich für die entsprechenden Nebengerichte. Auch dabei sollten Sie die Vorlieben Ihrer Gäste im Auge haben. In der japanischen Küche ist es wichtig, eine Harmonie zwischen süßen, sauren, scharfen und milden Geschmacksrichtungen zu erreichen. Gerichte, die leicht und erfrischend sind, werden schweren, fetten gegenübergestellt, kalte Gerichte und heiße kann man ebenso kombinieren, wie solche, die schnell und einfach zubereitet werden und die traditionellen, die eine lange Vorbereitungszeit benötigen.

Getränke und Nachspeisen

Der Geschmack von *sake* (Reiswein) paßt vorzüglich zu allen japanischen Gerichten. Je nach Art der Speisen und Jahreszeit wird *sake* kalt oder warm getrunken. Außerdem können auch andere alkoholische Getränke gereicht werden, wie zum Beispiel Bier oder ein leichter, aber trockener Weißwein.
Als Abschluß kann man eine Tasse heißen, japanischen grünen Tee servieren.
Als Nachspeise reicht man Obst oder selbstgemachtes Gebäck, zum Beispiel Obsttörtchen. Wenn das Menü sehr leicht gewesen ist, kann man durchaus ein üppiges Dessert servieren.

Das passende Serviergeschirr

Es ist durchaus nicht notwendig, für ein japanisches Menü auch japanisches Geschirr zu verwenden. Jedes europäische Service tut es auch, vorausgesetzt, es ist nicht zu üppig im Dekor, sondern eher schlicht und dezent, damit die darauf angerichteten Speisen auch optisch voll zur Geltung kommen. Je schlichter das Geschirr, umso leichter läßt es sich mit einzelnen original japanischen Geschirrteilen kombinieren, z. B. kleinen Schälchen für die Würzsauce oder kleinen Tellern, auf denen die übrigen Würzzutaten arragiert werden.
Auf jeden Fall sollten Sie die Suppe in Suppentassen oder in Suppenschalen servieren, damit sie während des Menüs getrunken werden kann.

PARTYGERICHTE

Eine Party mit handgerollten *sushi*, bei denen sich jeder Gast selbst bedient, setzt einen unformellen Anlaß voraus. Am besten lädt man dazu gute Freunde oder Verwandte ein, mit denen man beim Essen gerne und gut plaudern kann.

Menü:

Was für die Menü-zusammenstellung wichtig ist

Wenn die Zutaten für die *sushi* sehr üppig sind, ist es ausreichend, zusätzlich nur eine klare Suppe zu servieren. Da aber *sushi* nur wenig Gemüse benötigen, paßt ein zusätzliches Gemüsegericht sehr gut dazu. Außerdem setzt es auch optische Akzente. Andererseits würde auch ein leicht süßliches Gericht mit kräftigem Aroma zu den *sushi* passen.

Sushi lassen sich aus einer großen Vielzahl unterschied-licher Zutaten bereiten, so daß sich für jeden Gast diverse Variationsmöglichkeiten bieten. Jeder kann sich seine *sushi* ganz individuell nach eigenem Geschmack bereiten. Außer der Suppe kann man dazu heißen japanischen Tee servieren.

Die Reihenfolge der Vorbereitungen

a) Was am Vortag getan werden kann:

1. Bereiten Sie das Gemüse und das Huhn mit den Gewürzen zu. Schon am Vortag gekocht, bekommt das Gericht einen besseren Geschmack. Alles kühl stellen.

2. Legen Sie den Ingwer in die Essig-Mariande.

3. Braten Sie das Omelett auf japanische Art. Es wird in einem luftundurchlässigen Behälter kühl gestellt.

4. Legen Sie die frischen Muscheln in kaltes Salzwasser und stellen Sie sie kühl.

b) Was am Tag der Party getan werden muß:

1. Bereiten Sie den *sushi*-Reis zu und stellen Sie ihn mit einem feuchten Küchentuch bedeckt bei Zimmertemperatur bis zum Gebrauch zur Seite.

2. Bereiten Sie die frischen, für die *sushi* benötigten Gemüse vor.

3. Das Gemischte Gemüse mit Huhn nach Belieben aufwärmen und in die jeweiligen Serviergefäße füllen. Das Gericht schmeckt aber auch kalt.

4. Kurz vor dem Eintreffen der Gäste werden die Zutaten für die *sushi* entsprechend vorbereitet und auf einer Servierplatte arrangiert.

5. Die Suppe mit den Muscheln vorbereiten.

6. Kurz vor Eintreffen der Gäste die gerösteten Seetangblätter *(nori)* zuschneiden und anrichten.

Die Servier-Reihenfolge

1. Die Platte mit den *sushi*-Zutaten und die Schale mit dem Reis in die Mitte des Tisches stellen. Löffel dazulegen

Außerdem die Platte mit *nori* und für jeden einen Teller, auf den jedes fertige *sushi* vor dem Eintunken in die Soja Sauce gelegt werden kann, auf den Tisch stellen. Bitte, vergessen Sie nicht eine Flasche Soja Sauce bereitzustellen.

2. Die Suppe erhitzen und in Schalen oder Tassen füllen und mit dem Essen beginnen.

Bei einer Party, deren Mittelpunkt ein Tischgrill ist, ist jeder Gast sein eigener Koch und stellt sich seine Mahlzeit nach Belieben selber zusammen und genießt die einzelnen Zutaten mit einer oder verschiedenen Würzsaucen.

Menü:

Fleisch, Meerestiere
und Gemüse
auf dem Grill . . . . Seite 62

Grillspießchen
mit Huhn . . . . Seite 38

Eingelegte
Gemüse . . . . Seite 66

Sojabohnensprossen-Salat
mit Soja-Saucen-
Dressing . . . . Seite 66

Gekochter Reis oder frisches
Stangenweißbrot

Was für die Menüzusammenstellung wichtig ist

Gerichte, die von allen bei Tisch selber gekocht werden, bedürfen weniger Vorbereitungen als andere. Darum kann man die – sozusagen gewonnene – Zeit dazu nutzen, um mehr Saucen und Würzmittel (wie weißen Rettich u. ä.) zuzubereiten.

Auch die Grillspießchen mit Huhn (yakitori) können auf dem Grill gebraten werden, was sicherlich den Gästen Spaß machen wird.

Um Geschmack und Aroma der Grillgerichte noch zu unterstreichen, serviert man dazu als Beilage einen erfrischenden Salat. Man kann auch einfach ganz frisches Gemüse in gefällige Formen schneiden, auf Stäbchen stecken und auf einer Platte zusätzlich auf den Tisch stellen. Sie können dann ebenfalls gegrillt oder in eine der Saucen gedipt werden.

Die Reihenfolge der Vorbereitungen:

a) Was am Vortag getan werden kann:

1. Eingelegte Gemüse vorbereiten, schneiden und mit der Marinade vermischen. Mit einem Gewicht beschweren und in den Kühlschrank stellen. Das Gemüse wird durch die lange Marinierzeit besonders delikat.

b) Was am Tag der Party getan werden muß:

1. Bereiten Sie die Sesam-, ponzu und yakitori-Sauce zu.

2. Die Zutaten für die Grillspießchen zuschneiden und auf Holzspießchen stecken. Auf einer Platte anrichten.

3. Schneiden Sie das Gemüse für das Grillgericht, garen Sie süße Kartoffeln, Mais (sofern er frisch ist) und Möhren vor. Alles auf einer Platte arrangieren.

4. Fleisch und Meerestiere für das Grillgericht vorbereiten und auf eine weitere Platte legen.

5. Die würzenden Zutaten (langer weißer Rettich, Frühlingszwiebeln, Zitrone) dem Rezept entsprechend vorbereiten. Ebenso wie den Senf und shichimi togarashi in kleine Schälchen füllen.

6. Das eingelegte Gemüse leicht ausdrücken und in eine Servierschale füllen.

7. Bereiten Sie den Sojabohnensprossen-Salat vor und legen ihn ohne Dressing in eine große Schüssel.

8. Etwa eine Stunde vor Eintreffen der Gäste den Reis kochen. Den leicht ausgekühlten Reis kann man zu Kügelchen formen und diese in Alufolie wickeln, um sie vor dem Austrocknen zu bewahren. Die Kügelchen können nach Belieben auf dem Grill wieder erwärmt werden.

9. Unmittelbar vor dem Servieren den Salat mit dem Dressing mischen.

Die Servier-Reihenfolge

1. Bereiten Sie den Grill vor und stellen Sie ihn zusammen mit den Zutaten und den Saucen auf den Tisch, dazu für jeden Gast Teller und Stäbchen.

2. Die eingelegten Gemüse und der Salat werden auf einem Servierblatt zu Tisch gebracht.

3. Beginnen Sie mit dem Grillen. Die Spießchen werden zuerst leicht vorgebraten, dann in die yakitori-Sauce getunkt und fertig gegart.

4. Den vorgegarten Reis in Schalen oder – wie beschrieben – als Bällchen servieren. Statt Reis kann auch Brot gereicht werden.

RESTAURANTS,

die japanische Speisen führen

Kikkoman Daitokai
Europa Center
1000 Berlin 30

Kyoto
Wilmersdorfer Str. 94
1000 Berlin 12

Sapporo Kan
Schlüterstr. 2
1000 Berlin 2

Kikkoman Daitokai
Milchstr. 1
2000 Hamburg 13

Fuji
Richardstr. 18
2000 Hamburg 76

Matsumi
Colonadenstr. 96
2000 Hamburg 36

Yamato
Ernst-Merck-Str. 4
2000 Hamburg

Kikkoman Daitokai
Mutter-Ey-Str. 1
4000 Düsseldorf 1

Benkay
Hotel Nikko
Immermannstr. 41
4000 Düsseldorf 1

Deutsche Nippon Kan
Immermannstr. 35
4000 Düsseldorf 1

Edo
Am Seestern 3
4000 Düsseldorf 11

Kikaku
Klosterstr. 38
4000 Düsseldorf 1

Morikyu
Bergerstr. 11–13
4000 Düsseldorf

Naniwa
Oststr. 55
4000 Düsseldorf 1

Nippon Kan Bekkan (Yaki)
Oststr. 63
4000 Düsseldorf 1

Ohnoya
Klosterstr. 70
4000 Düsseldorf 1

Taka
Immermannstr. 18
4000 Düsseldorf 1

Yabase
Klosterstr. 70
4000 Düsseldorf 1

Kikkoman Daitokai
Kattenbug 2
5000 Köln 1

Miyako
Bornheimer Str. 15
5300 Bonn 1

Fuji
Goethestr. 13
6000 Frankfurt/Main

Kikkoman
Zoo Passage
Friedberger Anlage 1
6000 Frankfurt/Main

Juchheim
Am Salzhaus 1
6000 Frankfurt/Main

Kikkoman Daitokai
Nordendstr. 64
8000 München 80

Mifune
Ismaninger Str. 136
8000 München 80

Sakura
Orbis-Hotel
Karl-Marx-Ring 87
8000 München 83

EINZEL- UND GROSSHÄNDLER,

die japanische Nahrungsmittel führen

Daruma
Uhlandstr. 61
1000 Berlin 31

Ka De We
Tauentzienstr. 21–24
1000 Berlin 30

Alsterhaus
Jungfernstieg 16–20
2000 Hamburg 36

Fuji Feinkost
Colonadenstr. 72
2000 Hamburg 36

Karstadt
Mönckebergstr. 16
2000 Hamburg 1

Shin Food
Barmbeker Markt 37
2000 Hamburg 76

Tong Yang
Baumeisterstr. 15
2000 Hamburg 1

Yung
Lilienstr. 24
2000 Hamburg 1

Karstadt
Obernstr. 5–33
2800 Bremen 1

Allkauf
Rheindorfer Str. 48–56
4018 Langenfeld

Allkauf
Bataverstr. 93
4040 Neuss 1

Allkauf
Schießstr. 31
4000 Düsseldorf 11

Asiatische Lebensmittel
Dae-Yang
Immermannstr. 21
4000 Düsseldorf 1

Deutsche Nippon Kan
Barbarossaplatz 4
4000 Düsseldorf

Deutsche Nippon Kan
Oststr. 57
4000 Düsseldorf 1

Karstadt
Schadowstr. 93
4000 Düsseldorf 1

Kaisers Kaffee
Oberkasseler Str. 167
4000 Düsseldorf 11

Kaisers Kaffee
Dorfstr. 26–28
4005 Meerbusch-Büderich

Kaisers Kaffee
Rudolf-Diesel-Str. 2
4005 Meerbusch-Osterath

Mikuni
Klosterstr. 72
4000 Düsseldorf 1

Maruyasu
Bismarckstr. 53
4000 Düsseldorf 1

Toko Jakarta
Palanterstr. 6 D
5000 Köln

Mikuni
Fahrgasse 9
6000 Frankfurt/Main

Super Kato Lebensmittel
Kornmarkt 3
6000 Frankfurt/Main

Java
Augustenstr. 94
8000 München

Karstadt
Haus Oberpollinger
Neuhauser Str. 44
8000 München 2

Mikado
Rindermarkt 6
8000 München 2

Mifune
Ismaninger Str. 136
8000 München 80

Karstadt
An der Lorenzkirche
8500 Nürnberg

Rolf Hugli
17, Rue du Clos
CH-1211 Genf

Mikado
Rue de Ancien Port 9
CH-1201 Genf

	Für 100 und 125 g je Portion									
	Kilo-kalorien		Eiweiß (g)		Fett (g)		Kohle-hydrate (g)		Natrium (mg)	
	100 g	125 g	100 g	125 g	100 g	125 g	100 g	125 g	100 g	125 g
GETREIDEPRODUKTE										
unpolierter brauner Reis	351	398	7.4	8.4	3.0	3.4	71.8	81.4	2	2.3
polierter weißer Reis	356	404	6.8	7.7	1.3	1.5	75.5	85.6	2	2.3
Weizenmehl, weich, erste Güte	368	417	8.0	9.1	1.7	1.9	75.7	85.8	2	2.3
mittel, erste Güte	368	417	9.0	10.2	1.8	2.0	74.6	84.6	2	2.3
hart, erste Güte	366	415	11.7	13.3	1.8	2.0	71.4	81.0	2	2.3
Weizennudeln (udon)										
ungekocht	280	318	6.8	7.7	1.3	1.5	57.0	64.6	600	680
gekocht	101	115	2.5	2.8	0.5	0.6	20.3	23.0	45	51
Getrocknete Weizennudeln										
(hoshi udon)										
ungekocht	358	406	8.9	10.1	1.8	2.0	72.3	82.0	1200	1361
gekocht	93	105	2.4	2.7	0.5	0.6	18.6	21.1	120	136
Buchweizennudeln (soba) ungekocht	274	311	9.8	11.1	1.9	2.2	54.2	61.5	1	1.1
gekocht	132	150	4.8	5.4	1.0	1.1	25.8	29.3	2	2.3
KARTOFFELN UND STÄRKEPRODUKTE										
süße Kartoffeln (roh)	123	139	1.2	1.4	0.2	0.2	28.7	32.5	13	14.7
weiße Kartoffeln (jaga-imo), roh	77	87	2.0	2.3	0.2	0.2	16.8	19.1	2	2.3
Taro, roh	60	68	2.6	2.9	0.2	0.2	12.3	13.9	1	1.1
Kartoffelstärke weiß (katakuriko)	330	374	0.1	0.1	0.1	0.1	81.6	92.5	2	2.3
Wurzelstärke „Teufelszunge"										
in Würfeln (konnyaku)			0.1	0.1	0	0	2.2	2.5	10	11
als Nudeln (shirataki)			0.2	0.2	0	0	2.9	3.3	10	11
Mungo-Bohnenstärke										
als Nudeln (harusame)	345	391	0.2	0.2	0.4	0.5	84.6	95.9	16	18
ZUCKER										
weißer Streuzucker	384	435	0	0	0	0	99.2	112.5	2	2.3
FETTE UND ÖLE										
Speiseöl	921	1044	0	0	100.0	113.4	0	0	0	0
Margarine	759	861	0.3	0.3	82.1	93.1	0.5	0.6	800	907
Butter, gesalzen	745	845	0.6	0.7	81.0	91.9	0.2	0.2	750	851
NÜSSE UND SAMEN										
Gingko Nüsse roh	172	195	4.7	5.3	1.7	1.9	34.5	39.1	1	1.1
gekocht	165	187	4.3	4.9	1.3	1.5	34.0	38.6	3	3.4
Sesamkörner getrocknet	578	655	19.8	22.5	51.9	58.9	15.3	17.4	2	2.3
geröstet	599	679	20.3	23.0	54.2	61.5	15.3	17.4	2	2.3
HÜLSENFRÜCHTE										
Sojabohnen getrocknet	417	473	35.3	40.0	19.0	21.5	23.7	26.9	1	1.1
Bohnenquark (tofu),										
durch ein Mulltuch geseiht	77	87	6.8	7.7	5.0	5.7	0.8	0.9	3	3.4
gegrillt (yaki-dofu)	88	100	7.8	8.8	5.7	6.5	1.0	1.1	4	4.5
fritiert (abura-age)	388	440	18.6	21.1	33.1	37.5	2.8	3.2	10	11.3
Sojabohnenpaste (miso)										
Reis-Malz-Sojabohnenpaste,										

	Für 100 und 125 g je Portion									
	Kilo-kalorien		Eiweiß (g)		Fett (g)		Kohle-hydrate (g)		Natrium (mg)	
	100 g	125 g	100 g	125 g	100 g	125 g	100 g	125 g	100 g	125 g
süß (kome-koji-miso)	217	246	9.7	11.0	3.0	3.4	36.7	41.6	2400	2722
Reis-Malz-Sojabohnenpaste, dunkelgelb (kome-koji-miso)	186	211	13.1	14.9	5.5	6.2	19.1	21.7	5100	5783
Gerste-Malz-Sojabohnenpaste (mugi-koji-miso)	198	225	9.7	11.0	4.3	4.9	28.2	32.1	4200	4763
FISCH UND MEERESTIERE										
(ma-aji), Pferdemakrele	144	163	18.7	21.2	6.9	7.8	0.1	0.1	150	170
(ma-iwashi),	213	242	19.2	21.8	13.8	15.6	0.5	0.6	360	408
(katsuo), Bonito (Blaufisch)	129	146	25.8	29.3	2.0	2.3	0.4	0.5	44	50
(kisu), Sillago	96	109	19.2	21.8	1.5	1.7	0.1	0.1	140	159
(sake), Lachs	167	189	20.7	23.5	8.4	9.5	0.1	0.1	95	108
(saba), Makrele	239	271	19.8	22.5	16.5	18.7	0.1	0.1	80	91
(ma-dai), Seebrasse, rot	112	127	19.0	21.5	3.4	3.9	0	0	70	79
(tara), Kabeljau	70	79	15.7	17.8	0.4	0.5	0	0	130	147
(buri), Gelbschwanz	257	291	21.4	24.3	17.6	20.0	0.3	0.3	32	36
(kuro-maguro), Thunfisch										
mageres Fleisch	133	151	28.3	32.1	1.4	1.6	0.1	0.1	50	57
fetthaltiges Fleisch	322	365	21.4	24.3	24.6	27.9	0.1	0.1	43	49
(asari), Herzmuscheln	49	56	8.3	9.4	1.0	1.1	1.2	1.4	400	454
(aoyagi), Wellenmuscheln	60	68	11.8	13.4	0.6	0.7	1.0	1.1	380	431
(hamaguri), Venusmuscheln	60	68	10.4	11.8	0.9	1.0	1.9	2.2	500	567
(hotategai), Jacobsmuscheln	77	87	13.8	15.6	1.2	1.4	1.8	2.0	250	284
(ika), Tintenfisch	76	86	15.6	17.7	1.0	1.1	0.1	0.1	200	227
(kuruma-ebi) Garnelen	93	105	20.5	23.2	0.7	0.8	0	0	140	159
(ke-gani), Krebs	82	93	18.8	21.3	0.3	0.3	0	0	260	295
(tako), Tintenfisch	76	86	16.4	18.6	0.7	0.8	0.1	0.1	280	318
FLEISCH										
Rindfleisch:										
(wa-gyu) normales Rindfleisch	233	264	18.3	20.8	16.4	18.6	0.3	0.3	60	68
Milch-gefütterter Stier	184	209	19.0	21.5	10.9	12.4	0.3	0.3	60	68
Lende (normales Rind)	328	372	16.2	18.4	27.5	31.2	0.3	0.3	40	45
Lende (Milch-gefütterter Stier)	238	270	18.5	21.0	16.9	19.2	0.2	0.2	55	62
Rippe (normales Rind)	357	405	15.6	17.7	30.8	34.9	0.3	0.3	42	48
Rippe (Milch-gefüttertes Stier)	262	297	18.2	20.6	19.6	22.2	0.3	0.3	50	57
Rücken (normales Rind)	237	269	18.1	20.5	16.8	19.1	0.6	0.7	50	57
Rücken (Milch-gefütterter Stier)	203	230	18.6	21.1	13.0	14.7	0.5	0.6	47	53
Filet (normales Rind)	232	263	19.5	22.1	15.7	17.8	0.5	0.6	45	51
Filet (normales Rind)	155	176	21.4	24.3	6.7	7.6	0.3	0.3	50	57
Huhn:										
Flügel	221	251	17.2	19.5	15.8	18.0	0	0	80	91
Brust	203	230	20.6	23.4	12.3	13.9	0.2	0.2	30	34
Schenkel	211	239	17.3	19.6	14.6	16.6	0.1	0.1	45	51
Brustfilets	105	119	23.7	26.9	0.5	0.6	0.1	0.1	30	34
Schwein:										
Schulter	217	246	17.5	19.8	15.1	17.1	0.3	0.3	50	57
Lende	314	356	16.5	18.7	25.7	29.1	0.5	0.6	40	45

NÄHRSTOFFE

	Für 100 und 125 g je Portion									
	Kilo-kalorien		Eiweiß (g)		Fett (g)		Kohle-hydrate (g)		Natrium (mg)	
	100 g	125 g	100 g	125 g	100 g	125 g	100 g	125 g	100 g	125 g
Bauch	417	473	13.2	15.0	38.3	43.4	0.3	0.3	39	44
Schinken mager	158	179	20.4	23.1	7.4	8.4	0.5	0.6	31	35
Schinken fett	233	264	17.8	20.2	16.6	18.8	0.4	0.5	50	57
Filet	134	152	21.5	24.4	4.5	5.1	0.3	0.3	40	45
GEMÜSE										
Chinakohl (hakusai)	12	14	1.1	1.2	0.1	0.1	1.9	2.2	5	5.7
Auberginen (nasu)	18	20	1.1	1.2	0.1	0.1	3.4	3.9	1	1.1
japanische Gurke (kyuri)	11	12	1.0	1.1	0.2	0.2	1.6	1.8	2	2.3
Lange Zwiebeln (negi)	27	31	1.1	1.2	0.1	0.1	5.9	6.7	1	1.1
Schnittlauch (asatsuki)	28	32	2.5	2.8	0.1	0.1	4.7	5.3	1	1.1
Schalotten (wakegi)	36	41	1.9	2.2	0	0	8.0	9.1	1	1.1
weißer Rettich (daikon)	18	20	0.8	0.9	0.1	0.1	3.4	3.9	14	16
Schwarzwurzel (gobo)	76	86	2.8	3.2	0.1	0.1	16.2	18.4	6	6.8
Lotoswurzel (renkon)	66	75	2.1	2.4	0	0	15.1	17.1	28	32
Bambussprossen (takenoko)	34	39	3.6	4.1	0.1	0.1	6.0	6.8	0	0
Zuckererbsen (saya-endo)	31	35	3.2	3.6	0.1	0.1	5.5	6.2	1	1.1
Kürbis (kabocha)	36	41	1.3	1.5	0.1	0.1	7.9	8.9	1	1.1
Ingwerwurzel roh	31	35	0.9	1.0	0.1	0.1	6.3	7.1	4	4.5
mariniert	35	40	0.5	0.6	0.1	0.1	7.5	8.5	370	420
getrocknete Gurkenstreifen (kampyo)	264	299	7.1	8.1	0.2	0.2	59.8	67.8	3	3.4
PILZE										
chinesische Pilze (shiitake)										
roh			2.0	2.3	0.3	0.3	5.3	6.0	3	3.4
getrocknet			20.3	23.0	3.4	3.9	52.9	60.0	19	22
ALGEN										
Seetang										
getrocknet (nori)			38.8	44.0	1.9	2.2	39.5	44.8	120	136
geröstet (yaki-nori)			40.9	46.4	2.0	2.3	41.7	47.3	130	136
gewürzt und getrocknet (ajitsuke-nori)			38.4	43.5	2.8	3.2	39.7	45.0	2200	2495
getrockneter Seetang (konbu)			8.0	9.1	2.0	2.3	54.3	61.6	2700	3062
Seetang (wakame)										
roh			1.9	2.2	0.2	0.2	3.8	4.3	610	692
getrocknet			15.0	17.0	3.2	3.6	35.3	40.0	6100	6917
GEWÜRZE										
Soja Sauce (shoyu)										
dunkel (koi-kuchi)	58	66	7.5	8.5	0	0	7.1	8.1	5900	6691
hell (usu-kuchi)	48	54	5.7	6.5	0	0	6.3	7.1	6400	7258
Sashimi-Art (tamari)	76	86	10.0	11.3	0	0	9.0	10.2	5900	6691
Reiswein (seishu od. sake)	106	120	0.4	0.5	0	0	5.0	5.7	2	2.3
Reiswein zum Kochen (mirin)	236	268	0.4	0.5	0	0	41.9	47.5	1	1.1